신라부터 조선까지
우리 문학을 이끈 11명의 작가들

신라부터 조선까지
우리 문학을 이끈
11명의 작가들

❖ 청소년을 위한 인물로 본 우리 문학의 역사 ❖

조운찬 지음

머리말

　여러분은 '문학'이라 하면 무엇이 떠오르나요? 소설이나 시가 생각 난다고요? 맞습니다. 소설과 시는 문학의 갈래이지요. 영화 시나리오, 에세이, 평론, 일기도 문학입니다.

　사람마다 관심이나 취향은 다르겠지만, 문학은 사람들이 가장 많이 읽는 갈래입니다. 그 이유는 무엇일까요? 우선 문학 작품은 재미 있습니다. 문학 작품을 읽으면 재미와 감동을 느낄 수 있어요. 소설에 푹 빠져 시간 가는 줄 몰랐던 경험이 한 번쯤 있지 않나요? 혹시 아직 경험해 보지 못했다면, 꼭 한번 경험해 보기를 바랍니다. 그렇게 느낀 재미와 감동은 오랫동안 기억에 남아 삶을 풍요롭게 합니다

　또 우리는 문학을 통해 세상을 폭넓게 이해할 수 있습니다. 특히 문학은 경험해 보지 않은 세계를 체험할 수 있는 가장 쉬운 하나의 방법 입니다. 고대 중국의 사상가 공자는 "시는 사람에게 감흥을 돋우고, 모든 사물을 관찰하게 하며, 사람들과 어울리게 하고, 원망을 적절하게 드러낼 수 있다."라고 말했습니다. 이처럼 문학을 읽으면 세상을 보는 눈이 커져서 더 많은 것을 배우고 자신의 뜻을 펼쳐나갈 수 있습니다.

이 책에서는 통일 신라에서 조선 말기까지 뛰어난 문학 작품을 창작하고 정리한 11명의 우리 작가를 소개합니다. 이들 가운데에는 한문으로 시와 소설을 쓴 문인도 있고, 한글로 작품을 남긴 작가도 있습니다. 우리 고유의 노래인 판소리를 정리한 예술인도 있고, 우리 철학과 역사를 기록한 유학자와 역사학자도 있습니다. 고전 문학의 시작부터 다루려고 하였으나 아쉽게도 삼국 시대 작가는 이 책에서 다루지 않습니다. 삼국 시대의 작품은 오늘날까지 남아있는 것을 찾기 어렵기 때문입니다.

우리 역사에 이름을 남긴 작가는 수천에 달합니다. 이 책에서 다루는 작가들은 고전 문학의 위대한 도약을 이끌었습니다. 이들의 삶을 따라가며 한국 고전 문학사의 흐름을 알고, 이들이 지은 문학 작품을 보며 고전 문학의 아름다움을 느낄 수 있을 것입니다.

우리는 이 책에서 각 작가가 살았던 시대적 배경을 살피고, 그들이 살아가며 남긴 작품을 감상하면서 우리 고전 문학이 어떻게 발전해 왔는지 살펴볼 것입니다. 그럼 11명의 작가와 함께 우리 고전 문학으로 여행을 떠나볼까요?

— 조운찬

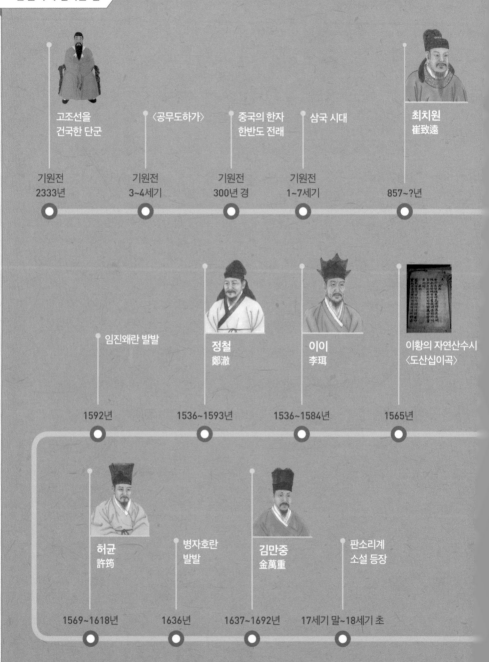

고전 문학이 걸어온 길

고조선을
건국한 단군

〈공무도하가〉

중국의 한자
한반도 전래

삼국 시대

최치원
崔致遠

기원전
2333년

기원전
3~4세기

기원전
300년 경

기원전
1~7세기

857~?년

임진왜란 발발

정철
鄭澈

이이
李珥

이황의 자연산수시
〈도산십이곡〉

1592년

1536~1593년

1536~1584년

1565년

허균
許筠

병자호란
발발

김만중
金萬重

판소리계
소설 등장

1569~1618년

1636년

1637~1692년

17세기 말~18세기 초

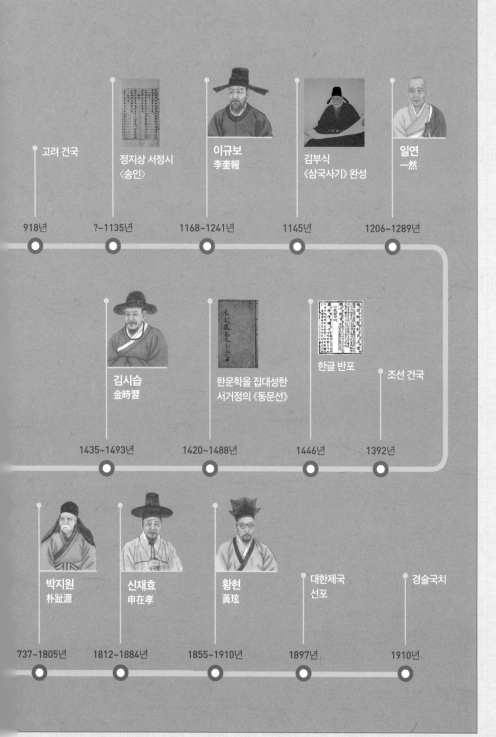

고려 건국

정지상 서정시
〈송인〉

이규보
李奎報

김부식
《삼국사기》완성

일연
一然

918년

?~1135년

1168~1241년

1145년

1206~1289년

김시습
金時習

한문학을 집대성한
서거정의《동문선》

한글 반포

조선 건국

1435~1493년

1420~1488년

1446년

1392년

박지원
朴趾源

신재효
申在孝

황현
黃玹

대한제국
선포

경술국치

737~1805년

1812~1884년

1855~1910년

1897년

1910년

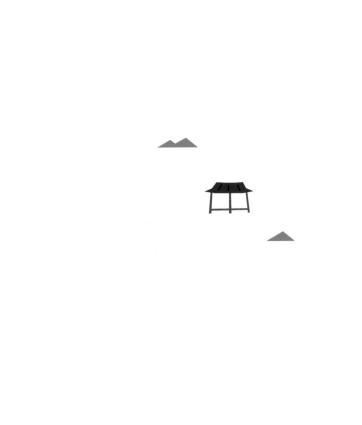

우리 문학의 탄생

우리 문학이란 무엇일까?

표준국어대사전에서는 문학을 '사상이나 감정을 언어로 표현한 예술'이라고 한다. 이 말대로라면 우리 문학은 우리 문자인 한글로 쓴 작품을 의미한다.

그렇다면 세종대왕이 한글을 창제하기 전에는 우리 문학이 없었을까? 실제로 수십 년 전만 해도 한글 창제 이전에 한문으로 쓴 작품은 우리 문학이 아니라고 생각하는 학자들이 많았다. 우리 고유의 문자로 쓴 작품만이 우리 문학이라는 것이다. 그렇다면 한글이 없던 시절인 고조선의 〈공무도하가〉, 고구려의 〈주몽 신화〉, 가야의 〈구지가〉, 신라 향가 〈제망매가〉를 비롯한 노래와 한시들은 우리 문학이 아닌 것일까?

이제는 한글이 아닌 한자 또는 향찰로 쓴 문학 작품도 모두 우리 문학으로 본다. 심지어 한국인이 외국어로 쓴 문학도 우리 문학으로 볼 수 있는 작품이 있다. 문학을 기록

> **향찰**
> 한자의 음과 뜻을 빌려 적는 표기법으로 신라의 민요인 '향가'를 쓸 때 주로 사용했다.

하는 문자는 도구일 뿐이다. 문학에서 중요한 것은 표기 방법이 아니라 작품의 내용, 정서, 표현 방법이다.

우리 문학은 언제 시작되었을까?

많은 학자가 우리 문학이 언제 시작되었는지 밝히려고 했지만 쉽지 않았다. 시간이 오래될수록 남아있는 문학 작품이 적기 때문이다. 입에서 입으로 전해지는 구비문학을 생각하면 우리가 언어를 쓰기 시작한 때부터 문학이 시작되었을지도 모른다. 그러나 문학 작품은 문자로 기록되어 남아야 오늘날 우리가 확인할 수 있다. 우리가 알 수 있는 문학 활동은 한자가 중국에서 한반도로 전해진 기원전 300년 즈음에 본격적으로 시작되었다.

한자가 들어온 시기에 한반도와 중국 만주 일대에 고대 국가 고조선, 부여, 고구려 등이 있었다. 각 나라에서는 한자를 사용해 문서를 썼지만, 남아있는 자료가 적다. 그나마 남은 작품은 고구려 을지문덕의 〈여수장우중문시(수나라 장수 우중문에게)〉, 신라 선덕여왕의 〈치당태평송〉과 같은 한시 몇 수와 광개토대왕릉비, 진흥왕순수비 등에 기록된 비문 정도이다.

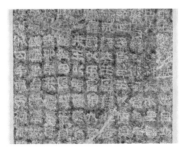

광개토대왕비 탁본(국립중앙박물관)

우리 문학의 출발점에는 누가 있었을까?

한문으로 쓴 한문학은 남북국 시대, 통일 신라에서 발달하기 시작했다. 신라는 7세기 후반에 고구려와 백제를 물리치고 삼국을 통일했다. 골품제 사회였던 통일 신라에서 글을 썼던 작가층은 주로 성골과 진골 다음인 육두품 귀족과 사찰의 승려들이었다. 대표적인 문인으로는 이두문자를 정리하고 올바른 정치가 무엇인지 이야기한 우화 〈화왕계〉를 쓴 설총, 신라의 화랑들의 행적을 모아 엮은 《화랑세기》를 쓴 김대문 등이 있다. 혜초는 성지를 순례하고 경전을 가져오기 위해 떠난 구법 여행을 기록한 《왕오천축국전》을 남겼고, 김장청은 신라 시대 장군이었던 선조 김유신의 삶을 《김유신 행록》으로 기록했으며, 최치원은 당나라에서 유학하며 지은 시문을 엮은 《계원필경》을 왕에게 바쳤다.

설총은 원효대사와 요석공주 사이에서 태어난 육두품 귀족이다. 설총은 우리 문학사에 뛰어난 업적을 세웠지만 남아있는 문학 작품이 많지 않아 한국 문학을 시작한 작가로 볼 근거가 부족하다. 그래서 학자들은 남아 있는 문학 작품과 수준을 고려하여 최치원을 우리 문학의 시작으로 본다.

> **우화 〈화왕계〉**
>
> 꽃들의 나라를 다스리는 왕 모란이 어떤 꽃을 신하로 삼을지 의논하는 내용이다. 나라를 다스리는 올바른 자세가 무엇인지 꽃의 성질에 빗대어 이야기한다.

최치원

崔致遠, 857~?

우리 문학을 처음으로 연 학자

우리 문학이 피어난 시기

최치원이 살았던 시기를 흔히 '나말여초(신라 말기~고려 초기)'라고 부른다. 나말여초는 우리 문학사에서 아이가 갓 태어나 자라는 시기와 같다. 이때부터 우리 민족 문화가 본격적으로 꽃피기 시작했다. 한반도에 중국의 유교와 불교 문화가 전해졌고 당나라로 유학 가는 사람과 글을 쓰는 문인들도 많아졌다. 이들이 통일 신라의 문학을 발전시켰다. 이 시기에 문학 활동을 활발하게 한 대표적인 인물로는 '삼최(세 명의 최 씨)'라고 불리는 최치원, 최승우, 최언위와 박인범, 최광유가 있다.

당나라로 유학을 떠난 어린 아이

최치원은 어릴 때 똑똑하기로 유명해서 왕에게 알려질 정도였다. 최치원은 12살의 어린 나이에 당나라로 유학을 떠났다. 이때 신라에서 유학 가는 사람이 수백 명일 정도로 해외 유학이 유행이었다. 하지만 최치원처럼 어린 나이에 유학을 떠나기는 쉽지 않았다. 학문을 향한 최치원의 열정이 남달랐기 때문에 가능한 일이었다.

최치원의 아버지는 최치원이 신라를 떠날 때 "10년이 되도록 과거에 급제하지 못하면 내 아들이 아니다."라고 했다고 한다. 최치원은 아버지의 말씀을 마음속에 새기며 열심히 공부했다. 공부하다가 졸음이 몰려오면 머리카락을 천장에 묶고 목을 고정했다는 일화가 전해올 정도다. 이러한 노력 끝에 그는 6년 만에 외국인이 보는 과거 시험 '빈공과'에 장원으로 합격한다.

문장으로 반란군을 무찌르다

최치원은 과거에 합격한 지 2년 뒤 지방에서 직책이 낮은 관리를 맡게 된다. 그러나 얼마 후 더 높은 관직에 오르기 위해 시험을 준비하기 시작한다.

당시 당나라는 곳곳에서 농민이 반란을 일으키는 어지러운 시기였다. 그래서 시험이 제때 치러지지 않자 최치원은 고변이라는 지방 관리의 종사관으로 일했다. 종사관은 관리의 업무를 돕는 일종의 비서였다. 고변은 오늘날 '황소의 난'이라고 불리는 농민 반란 진압을 맡았다. 최치원은 고변을 도와서 반란군을 꾸짖는 격문과 조정에 올리는 상소문 등을 썼다. 이때 반란군의 우두머리 황소에게 쓴 격문

〈격황소서〉를 본 황소가 자신을 죽이겠다는 대목을 읽고 놀라 납작 엎드렸다고 한다. 이 일로 공을 인정받은 최치원은 당나라 황제에게 정5품 이상 관리에게만 하사하는 자금어대(물고기 모양 장식이 달린 주머니)를 받았다. 〈격황소서〉에서 황소가 읽고 엎드렸다는 부분은 다음과 같다.

> 천하 사람들이 모두 너를 죽여서 시체를 전시하려고 생각할 뿐만 이 아니요, 땅속의 귀신들도 남몰래 너를 죽일 의논을 마쳤을 것이다. 그러니 지금 잠시 목숨이 붙어 있다 하더라도 조만간 혼이 달아나고 넋을 빼앗기는 것은 당연한 일이다.
>
> 무릇 어떤 일이든 스스로 깨닫는 것이 중요하다. 내가 아무렇게나 말하는 것이 아니니, 너는 잘 알아듣도록 하라.
>
> ― 최치원, 〈격황소서〉 중에서

《계원필경》(한국학중앙연구원)

최치원이 고변의 밑에서 일했던 시기에 지은 글은 1만여 편이나 된다. 최치원은 이 가운데 시와 산문 370편을 골라《계원필경》이라는 책을 냈다. 계원이란 문장가들이 모인 곳(문단)을 말하며, 필경은 움막에 살면서 붓으로 글을 지어 먹고 살았다는 뜻으로 붙인 이름이다.

《계원필경》은 최치원의 첫 문집이자, 현재 우리나라에서 가장 오래된 문집이다. 당나라 말기의 지방 정치 제도와 역사적 사실이 많이 담겨 있어 중국인도 많이 읽고 연구한다. 《계원필경》은 한국을 넘어 동아시아의 대표적인 고전이다.

신분 때문에 무너진 최치원의 꿈

당나라에서 벼슬 생활을 하던 최치원은 신라의 요청을 받아 고국으로 돌아온다. 신라에 돌아온 그는 당나라에서 갈고닦은 학문과 능력을 펼치려고 했다.

최치원은 육두품 출신이었다. 육두품은 왕족인 진골 다음의 품계로, 결코 낮은 신분이 아니었다. 그러나 성골, 진골 출신이 신라의 정치와 사회를 꽉 잡고 있었다. 그래서 아무리 학문에 뛰어나고 실력이 좋아도 육두품이라는 신분으로 높은 관직에 나아가기는 어려웠다. 최치원은 우수한 인재를 뽑아 흔들리는 신라 사회를 바로 잡으려고 했다. 이런 자기 생각을 담은 시무책 10여 조를 진성여왕에게 올렸지만 받아들여지지 않았다. 결국 뜻을 이루지 못한 최치원은 벼슬을 그만 두었다.

자기 현실을 시로 노래하다

한시는 대표적인 한문학 장르이다. 작품 길이가 짧아서 쉽게 작품을 쓸 수 있었다. 운율이 있어서 노래로 부르기도 하였다. 옛 사람들은 한시로 자연이나 자신의 마음을 노래하고 친구끼리 시를 주고받으며 우정을 키워 갔다.

최치원의 한시는 자신의 현실과 생활을 노래한 것이 많다. 시는 현실의 반영이라는 말이 그에게 딱 들어맞는다. 그는 뛰어난 한시를 많이 지었다. 최치원의 《계원필경》에는 당나라의 정치, 사회 현실을 묘사한 시와 고국을 그리워하는 노래 등이 들어있다.

우리에게 알려진 최치원의 시 대부분은 당나라가 아닌 우리나라에서 쓴 작품이다. 《동문선》, 《전당시》와 같은 문헌에 실려 전해오던 것을 최치원의 후손이 《고운집》으로 펴냈다. 그리워하던 고국으로 돌아왔지만 시의 내용은 어두웠다. 통일 신라 말기 어지러운 사회에서 어디에도 자리를 잡지 못한 최치원의 심정이 그대로 묻어나는 작품이 많다. 교과서에도 실린 〈추야우중(가을밤 비 내리고)〉이라는 시가 가장 대표적이다.

가을바람에 내 쓸쓸히 노래 부르니

세상에 나를 알아주는 사람 없네.

창밖에 밤늦도록 비만 내리는데

등불 앞에 내 마음은 만리 밖에 가 있네.

— 최치원, 〈추야우중〉 중에서

최치원은 40세가 넘었을 때 세상일을 뒤로 하고 떠돌아다니며 살았다. 안타깝게도 이 시기에 쓴 시 중에 오늘날까지 남은 시는 많지 않다. 당시 산중의 은거 생활을 노래한 〈제가야산독서당(가야산 독서당에 쓰다)〉라는 시에서 그의 심경을 엿볼 수 있다. 이 시는 훗날 누군가가 가야산 계곡의 바위에 새겨 더 유명해졌다.

바윗돌 덮치는 물살 겹겹이 봉우리 울리니

지척의 사람들 말조차 들리지 않네.

세상의 시비 다투는 소리 귀에 들릴까 봐

흐르는 저 물소리로 온 산을 채웠나 보다.

— 최치원, 〈제가야산독서당〉 중에서

그 외에도 최치원이 떠돌아다니다가 길에서 구경했던 탈춤, 사자춤 등 통일 신라의 민속놀이를 시로 쓴 〈향악잡영〉도 있다.

문학적 완성도가 높은 최치원의 산문

하동 쌍계사 진감선사 대공탑비(한국민족문화대백과
사전)

최치원은 시도 썼지만 산문 작품을 더 많이 남겼다. 그의 산문은 나랏일에 필요한 문서부터 비석에 쓰는 글과 제사에 올리는 글 등 종류가 다양하다. 최치원의 모든 글에는 그의 빼어난 글재주가 녹아 있다. 최치원의 산문은 9세기 동아시아의 문장과 글쓰기를 연구하는 데 중요한 자료다.

최치원의 산문 가운데 가장 돋보이는 작품은 〈사산비명〉이다. 총 네 곳의 비석에 쓴 글이라서 붙여진 이름이다. 〈사산비명〉은 세 스님의 업적과 왕실 사찰인 숭복사가 세워진 과정을 기록했다. 이 글을 통해 유학자였던 최치원이 불교에도 배움이 깊었음을 알 수 있다. 〈사산비명〉 가운데 하나인 〈쌍계사 진감선사 대공탑비문〉은 이렇게 시작한다.

대저 도는 사람과 멀리 떨어져 있지 않고, 사람은 나라에 따른 차이가 있지 않다. 그렇기 때문에 신라 사람들이 불교를 공부할 수 있고 유교를 공부할 수 있는 것이다.

— 최치원, 〈쌍계사 진감선사 대공탑비문〉 서문 중에서

최치원은 유교와 불교의 근본은 다르지 않고, 도를 얻기 위해서는 불교든 유교든 공부할 수 있다고 적었다. 그러면서 진감선사가 불법을 구하기 위해 중국으로 떠난 이야기와 쌍계사를 세우게 된 과정을 이야기한다. 〈사산비명〉은 최치원의 글 솜씨가 가장 무르익었을 때 쓰여 문장 하나하나가 매끄럽고 아름답다.

우리 문학을 처음으로 연 학자

최치원이 세상을 떠난 뒤 많은 학자와 문장가가 그의 작품을 읽었다. 고려 시대 문장가 이규보는 최치원을 '한국 문학의 비조'라고 불렀다. 비조는 '어떤 학문이나 기술 따위를 처음으로 연 사람'을 뜻한다. 조선 시대에도 많은 학자가 그를 칭찬하고 기렸다. 조선 후기의 문장가 홍석주는 《계원필경》을 새로 찍어내면서 서문에 이렇게 썼다. "우리 동방에 글이 나와서 후대에 전한 것은 최치원에서 비롯되었다. 그의 시는 당나라 사람이 따라갈 수 없었다."

최치원은 우리나라뿐 아니라 중국에서도 유명한 작가이다. 최치원의 작품은 중국의 역사서에도 실려 있다. 당나라의 역사를 기록한 책 《신당서》에 소개되었으며 당나라 시대의 시를 모은 《전당시》에 최치원의 한시가 일부 실려 전한다. 이러한 평가는 오늘날까지 계속되고 있다. 《계원필경》은 중국의 유명한 출판사인 중화서국의 《중국역사

최치원의 초상화

문집총간》시리즈에도 들어있다. 최치원은 한
국 문학사 뿐 아니라 동아시아 문학사에도 자
랑스럽게 내보일 수 있는 우리 작가이다.

유교, 불교, 도교를 모두 아울렀던 최치원

　최치원은 중국에서 오랫동안 유학하고 관리로도 일하며 앞선 문물과 다양한 사상을 접했다. 그는 당시의 주류 학문인 유학을 깊이 공부하고 있었는데, 불교와 도교에도 깊은 관심을 가졌다. 신라는 불교를 믿는 나라였기 때문에 유교와 불교를 함께 공부하는 사람들도 있었다. 하지만 세 가지 사상을 모두 다루는 학자는 드물었다.

　이처럼 유교와 도교, 불교를 차별 없이 받아들인 그는 세 가지 교리의 화합을 주장하며 신라 사회를 안정시키려고 했다. 최치원이 '난랑'이라는 화랑을 위해 지은 글 〈난랑비서〉에서 이러한 생각을 엿볼 수 있다.

　　신라에 현묘한 도가 있으니 풍류 사상이라 한다. … 이는 실로 삼교三敎를 모두 포함한다. 들어가서 어버이에게 효도하고 나가서 임금

에게 충성하는 것은 공자의 뜻이요, 무위자연에 처하고 말없이 가
르침을 행하는 것은 노자의 종지요, 모든 악을 짓지 않고 착함을 행
하는 것은 석가모니의 교화이다.

— 최치원, 〈난랑비서〉 중에서

최치원은 이전부터 전해져 온 '풍류 사상'을 보다 구체적으로 발전
시켰다. 그는 유, 불, 도교가 하나의 뿌리에서 뻗어나왔다고 생각했
다. 그래서 세 가지 교리의 가르침들은 서로 보완하며 융합할 수 있
다고 보았다. 그는 세상이 돌아가는 이치를 설명하기 위해 하나의 사
상 안에만 머무르지 않았다. 〈난랑비서〉는 최치원의 학문적 역량이
얼마나 뛰어난지 알 수 있는 글이다.

이규보

李奎報, 1168~1241

❀

민족의 자긍심을 일깨운 위대한 시인

고려 건국과 문학의 변화

고려는 우리나라 첫 번째 통일 국가이다. 발해의 영토까지 모두 흡수하지는 못했지만, 더 이상 한 민족이 여러 나라로 갈라져 살지는 않았다.

통일 신라의 수준 높은 문학은 고려가 이어받았다. 그렇다고 그대로 따라가지는 않았다. 새로운 나라를 세우는 과정에서 새로운 문학 담당층이 나타나 고려 초기의 문학을 이끌었다. 문학 담당층은 문학을 창작하고 즐기는 집단을 말한다. 고려 건국 초반에는 신라 육두품 귀족들이 문학을 이끌어가다가 과거 시험을 통과한 문인들이 이어받았다.

고려 전기에는 아름다움과 화려함을 추구하는 귀족 문학이 발달하였다. 이 시기의 대표적인 문인은 조익, 최충, 박인량, 정지상, 김부식 등이 있다. 신라 때 유행했던 향가는 더 이상 사람들의 관심을 받지 못했다. 한문

고려 과거제

과거제는 고려 광종 때(958년) 시작되었다. 과거제에는 시문 짓기와 나라의 정책을 제시하는 두 가지 종류의 시험이 있었다. 후대에 갈수록 시문을 짓는 것이 중요해지면서 한시가 발전하였다.

학이 발달하면서 굳이 한자의 음과 뜻을 빌리는 향찰 표기에 의지할 필요가 없어졌기 때문이다. 고려 시대에 쓰인 향가는 균여가 쓴 〈보현십원가〉 11수와 예종의 〈도이장가〉가 남았을 뿐이다. 향가가 사라지면서 고려 가요와 경기체가가 등장했다. 일반 백성들

경기체가

경기체가는 고려 중기부터 조선 초기까지 있었던 시가이다. '위 경 긔 엇더ᄒ니잇고', '경기하여' 등의 표현이 되풀이되어 경기체가라고 불렀다.

의 솔직한 감정을 담아낸 〈가시리〉, 〈동동〉, 〈사모곡〉, 〈청산별곡〉 등의 고려 가요와 후기 신흥사대부들을 중심으로 창작된 경기체가는 고려 시대를 대표하는 시가 문학으로 자리를 잡았다.

고려 문학을 비춘 '이규보'라는 별

고려 문학에 큰 영향을 미친 이규보의 원래 이름은 '인저'였다. 22세 되던 해 이규보는 과거 시험을 앞두고 있었다. 잠에 든 이규보의 꿈에 문학과 예술을 상징하는 별 '규성'이 나타나 그가 과거에 합격할 것이라고 알려주었다. 이규보는 다음 날 시험에서 1등으로 합격했고, 그 뒤 자신의 이름을 '이규보'로 바꾸었다. 이규보는 이름처럼 고려 시대 문학을 환히 밝힌 큰 별이었다.

이규보가 살았던 시기는 무신 집권기였다. 군사를 이끄는 무신들이 권력을 잡고 서로 끊임없이 다투느라 나랏일은 뒷전이었다. 나라 안

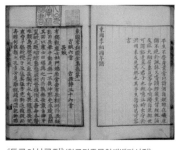
《동국이상국집》(한국민족문화대백과사전)

에서는 살기 어려워진 농민들이 들고 일어났고 나라 밖에서는 거란, 원나라 등이 쳐들어왔다. 혼란스러운 시기에 지방 관리 집안에서 태어난 이규보는 오랫동안 가난에 시달렸다. 과거에 합격했지만, 한동안 관직을 얻지 못해 늘 살기 어려웠다.

이규보는 평생 동안 8,000여 수의 시를 지었다고 한다. 이규보의 문집 《동국이상국집》에만 2,088수가 실려 있다. 많은 작품을 지었지만, 결코 대충 지은 것이 아니었다. 시인으로서 자질을 타고난 데다 끊임없이 노력한 결과다. 완벽한 시를 추구했던 이규보는 그의 시 〈원고를 불태우며〉에서 "차마 글 상자를 더럽힐 수 없어 아침 짓는 아궁이에 넣어 태우기도 했다."라고 말했다. 마음에 들지 않는 자작시 300편을 태워버렸다는 기록도 남아 있다.

고구려 건국 서사시 〈동명왕편〉을 짓다

이규보의 문집 《동국이상국집》에는 한 편에 282구나 되는 긴 시가 실려 있다. '동명왕편'이라는 제목이 붙은 이 시는 고구려 시조인 동명왕, 즉 주몽의 탄생에서 고구려 건국까지의 과정을 담고 있다.

이규보는 왜 고구려 건국 신화를 시로 썼을까? 이규보는 신화나 전설을 믿지 않았다. 귀신과 환상 등 기이하고 괴상한 이야기는 자신이 배운 유학의 정신과 맞지 않다고 생각했기 때문이다. 그러던 어느 날 《구삼국사》를 읽고 동명왕 이야기가 헛된 설화가 아니라는 것을 깨달았다. 그래서 "동명왕 설화를 시로 쓰고 세상에

전해 우리나라가 원래 성인이 세운 나라임을 널리 알리고 싶었다."라고 〈동명왕편〉을 지은 이유를 밝혔다.

〈동명왕편〉은 하느님의 아들 해모수가 하늘에서 내려와 강의 신 하백의 딸 유화와 결혼한 뒤 주몽을 낳게 되는 이야기에서 시작한다. 이후 주몽이 고구려를 세워 동명왕에 오르고, 마지막 장에서는 아들 유리가 왕위를 이어받는 것으로 끝난다.

이규보는 〈동명왕편〉에서 고려가 고구려를 계승했기 때문에 우리 민족이 당당한 천자의 자손이라고 밝혔다. 고려는 작은 나라가 아니라 중국과 견줄만한 대단한 나라라는 자긍심을 드러냈다. 이 시는 중국 중심의 역사의식에서 벗어났다는 점에서 의미가 있다.

농민의 어려움을 대변하다

이규보의 작품 중에 당시 사회 현실을 가장 잘 드러낸 시는 농민의

삶을 다룬 농민시다. 이규보가 전주, 경주, 인천 등의 지방 관리로 일했을 때 지방의 고을을 돌면서 농민들의 어려운 처지를 직접 보고 시를 썼다. 아래 〈농사꾼의 노래〉는 농민에게 과한 세금을 뜯어가는 지방 관리를 고발한 시다.

비 맞으며 구부리고 김을 매니
검게 탄 얼굴, 사람 꼴이랴만
왕족과 귀족이여, 함부로 멸시마오.
그대들의 부귀영화 우리 손에 달려 있다네.

햇곡식은 푸릇푸릇 논밭에서 자라는데
아전들 벌써부터 세금 걷는다고 성화네.
애써 농사지어 나라를 살리는 일 우리에게 달렸거늘.
어찌 이리 극성스레 수탈하는가.
— 이규보, 〈농사꾼의 노래〉 중에서

이규보는 농민이 편안해야 나라도 평화롭다고 믿었다. 그의 농민시에는 농업과 농촌, 농민을 따뜻한 시선으로 그린 작품이 많다. 벼농사 짓는 농민을 부처님처럼 존경한다고 이야기한 〈햅쌀의 노래〉도 그중에 하나이다.

한 톨 한 톨을 어찌 가벼이 여기랴.

사람의 생사와 빈부가 달렸는데

나는 농부를 부처님처럼 존경하나니.

부처님도 굶주린 사람은 살리기 어렵다네.

기쁘도다. 이 흰머리 늙은이가

올해 또 벼 익는 걸 보게 되다니.

죽어도 여한이 없구나.

봄 농사 혜택이 내 몸까지 이를 줄이야.

— 이규보, 〈햅쌀의 노래〉 중에서

이규보의 농민시는 관리나 지배층의 입장이 아닌 농민의 눈으로 본 농촌의 모습을 그려냈다. 농촌 현장에서 농민들을 만나 대화하며 기록하지 않았다면 나올 수 없는 작품들이다.

"만물은 평등하다"

이규보는 〈조물주에게 묻다〉라는 흥미로운 산문을 남겼다. 만물을 만든 조물주에게 만물이 생겨난 이유가 무엇인지 질문하는 내용이다. 작품에서 말하는 사람, 화자는 조물주에게 사람을 위해 다섯 가지 곡식을 주고 옷을 지을 수 있는 뽕나무과 삼나무를 줬으면서 왜 곰,

호랑이, 승냥이, 이리, 모기, 등에, 벼룩과 같은 해로운 동물도 함께 만들어 사람을 괴롭히는지 묻는다. 그러자 조물주는 만물은 자연스럽게 생겨난 것이라 설명할 수 없다고 답한다.

이 작품은 "만물은 근원적으로 평등하다."라는 사상이 잘 나타난다. 차별 없이 생겨났기 때문에 차별해서도 안 된다. 크다고 더 존중받아서도 안 되고 작다고 함부로 대해서도 안 된다. 이규보에게 모든 생물은 저마다 살아갈 가치가 있는 존재다.

이러한 이규보의 자연관을 잘 보여주는 또 다른 산문 〈온실에 반대한다〉가 있다. 가을 어느 날 집에 오니 아이들이 온실을 만들고 있었다. 아이들은 온실을 만들어 겨울에도 화초를 심어두고 과일을 저장하겠다고 자랑스럽게 말한다. 이 말을 들은 이규보는 "여름에 덥고 겨울에 추운 건 사계절의 정상적인 이치이다. 만약 이것이 뒤집어진다면 비정상적이고 이상한 일이다."라며 온실을 들이지 못하게 한다.

자연과 사물이 인간을 위해 존재한다고 믿는 자연관을 '인간 중심주의'라고 한다. 인류는 오랫동안 발전이나 문명이라는 이름으로 자

삼에서 실을 뽑아 만든 삼베(오른쪽)와 뽕나무 잎으로 누에를 쳐서 만든 비단(왼쪽)(국립민속박물관)

이규보의 생태주의적 시각이 나타난 〈슬견설〉

〈슬견설〉 감상

어떤 손님이 내게 말했다.

"어제 저녁에 한 불량한 남자가 돌아다니는 개를 큰 몽둥이로 때려죽이는 걸 보았는데 그 모습이 너무 불쌍해 마음이 아팠습니다. 그래서 앞으로는 개고기나 돼지고기를 먹지 않기로 맹세했습니다."

내가 대답했다.

"어제 한 사람이 뜨거운 화로를 끼고 앉아서 이를 잡아 태워 죽이는 걸 보았습니다. 나는 마음이 아파서 다시는 이를 잡지 않기로 맹세했습니다."

손님은 어안이 벙벙하여 말했다.

"이는 미물입니다. 나는 커다란 동물이 죽는 것을 보고 불쌍해서 말했는데, 당신은 이렇게 대답하니 나를 놀리는 것이 아닙니까?"

내가 말했다.

"혈기가 있는 존재라면 사람부터 소, 말, 돼지, 양, 곤충, 개미에 이르기까지 살기를 바라고 죽기를 싫어하는 마음이 다 같습니다. 어찌 큰 것만 죽기를 싫어하고 작은 것은 그렇지 않겠습니까. 그렇다면 개와 이의 죽음은 같으므로 예를 들어 대답한 것입니다. 어찌 일부러 놀린 것이겠습니까."

작품 해설

모든 생명체는 살아 있다는 점에서 같다. 개를 잡는 것을 차마 볼 수 없어 개고기를 먹지 않겠다고 맹세한다면, 이를 잡아 태우는 것을 본 뒤에는 이를 잡지 않겠다고 다짐해야 한다. 개와 이는 다르지만, 생명을 갖고 있다는 점에서는 똑같기 때문이다. 이것이 생명 존중이고 생태주의다.

이 글은 사람의 시각에서 사물을 보아서는 안 된다는 점을 알려준다. 인간에게 해가 되는 벌레나 동물을 다 잡아 없애면, 결국 인간의 생존을 위협한다. 모든 생물은 그물망으로 연결되어 있어 하나가 빠지면 생태계 전체가 무너지기 때문이다. 고려 사람인 이규보가 먹이사슬이나 생태계 구조를 이해했는지는 알 수 없다. 그러나 만물이 서로 연결되어 있다는 생각을 가진 것은 분명하다. 이규보의 이런 생각은 〈쥐를 놓아주며〉, 〈술에 빠진 파리를 건져주다〉라는 시에도 그대로 나타나 있다.

연을 개발하고 활용해왔다. 그러나 무리한 개발로 환경이 오염되면서 자연을 지켜야 한다는 목소리가 높아지고 있다. 자연과 환경을 지키는 최선의 방법은 사람이 손대지 않고 그대로 두는 것이다. 이 바탕에는 모든 사물이 서로 긴밀하게 연결되어 있다는 '생태주의적인 사고'가 있다. 이규보는 800년 전 이미 생태주의에 눈을 떴다. 한국 생태주의 문학의 시작에 이규보의 작품이 놓여 있다.

위대한 시인 이규보

시대의 고통과 가난한 환경은 이규보에게 글을 쓸 영감을 주었다.

그는 어려운 시대 속에서 역사 서사시 〈동명왕편〉을 지어 민족의 자긍심을 높였다. 농민시를 통해 농민들의 목소리를 생생하게 전했다. 더 나아가 세상을 이루는 모든 생명체를 존중하는 생태주의적 자연관을 보여주었다.

이규보를 기리는 신도비(한국민족문화대백과사전)

이규보는 하루라도 시를 짓지 않으면 견디지 못할 정도로 시 짓는 일이 일상이었다. 그는 "시의 마귀가 아침저녁 남몰래 따라 다닌다."라고 고백했다. 시를 짓는 게 즐겁지만은 않았던 모양이다. 오죽했으면 〈시의 귀신아 제발 떠나다오〉라는 수필까지 지었을까.

한 나라의 역사부터 일상 속 작은 생명까지 이규보가 다루는 주제는 넓고도 깊다. 이런 작품 세계를 가진 이규보에게는 작가, 문인보다는 '문학의 거장'이라는 칭호가 어울린다. 이규보는 고려 시대를 넘어 한국 문학사에서 손꼽히는 작가로 남았다. 그는 문학을 위해 태어났고, 글을 짓다가 죽었다.

인간의 감정을 시로 노래한 정지상

고려의 대표적인 서정시인

이규보라는 위대한 작가가 탄생한 배경에는 앞서 활동한 여러 문인의 노력이 있었다. 저절로 되는 일은 없다. 문학도, 시인도 시대의 산물이다.

고려 전기 한문학이 발달하면서 정지상, 고조기, 박인량과 같은 시인들이 등장했다. 이 가운데 정지상(?~1135)은 고려 전기를 대표하는 서정시인이다. 정지상에 관한 기록은 그리 많지 않다. 정지상은 젊었을 때부터 시를 잘 쓰기로 유명했으며 《삼국사기》의 작가 김부식과 라이벌 관계였다고 묘사된다. 두 사람 모두 글을 짓는 능력이 뛰어나 서로 경쟁했기 때문이다.

그러던 어느 날 서경 출신의 승려 묘청이 고려의 수도를 서경으로 옮기자고 주장하며 반란을 일으켰다(묘청의 난). 서경 출신인 정지상은 적극적으로 찬성했고 개경 출신인 김부식은 반대했다. 정지상은 결국 묘청의 난 때 처형당했다. 김부식이 묘청의 난을 진압한 책임자였는데, 그가 정지상을 죽였다는 설이 전해온다.

정지상은 시를 통해 인간의 자연스러운 감정을 아름답게 표현했다. 그의 시는 20여 수가 남아있는데, 평양 사람들의 긍지와 자부심을 노래하거나 서민들의 다정다감한 정, 자연의 아름다움을 노래한 시들이 많다.

정지상의 대표 작품 〈송인〉

정지상을 대표하는 시는 〈송인(님을 보내며)〉이다. 시의 배경이 되는 곳의 이름을 따서 '대동강'으로 부르기도 한다.

비 갠 강둑에는 풀빛 짙어 가는데
남포에서 그대 보내면서 슬픈 노래를 부른다.
대동강의 물은 어느 때나 마를 것인가.
이별 눈물이 해마다 푸른 강물 위에 더해지니
— 정지상, 〈님을 보내며〉 중에서

시의 시간적 배경은 대동강 둑의 풀색이 짙은 늦은 봄이다. 작품 속 화자는 대동강에서 멀리 친구를 떠나보내는 중이다. 자연의 생명력이 가득한 봄날에 좋은 사람과 이별해야 하는 화자의 마음은 허전하

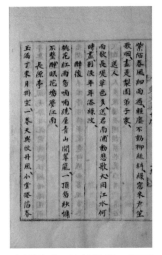
정지상의 대표 시 〈송인〉(한국민족문화
대백과사전)

기만 하다. 마음 깊은 곳에서 하염없이 슬픈 노래가 흘러나온다. 화자는 넘실 대는 대동강 물을 바라보며 엉뚱한 상상을 한다. 이 강물은 언제쯤 마르게 될까? 그럴 리는 없을 것이다. 끊임없이 흘러나오는 이별의 눈물이 쏟아지는 한, 강물은 다시 굽이쳐 흐를 테니까.

정지상은 봄날의 아름다운 날의 모습과 이별하는 사람의 마음을 대비시켜 슬픔을 강조했다. 헤어지는 장소는 많은 사람의 이별이 이루어지는 대동강 나루터이다. 그래서 화자의 이별은 혼자만의 이별이 아닌 그곳에서 헤어지는 모든 사람들의 이별이다. 이렇게 개인의 경험은 사람들의 보편적인 감정으로 하나 된다.

정지상의 〈송인〉은 당시 많은 사람이 외워 부를 정도로 유명했다. 훗날 조선 시대 문인 신광수는 이 작품을 천 년 동안 쓰인 시 가운데 최고라는 뜻으로 '천년의 절창'이라고 높이 평가했다.

일연

一然, 1206~1289

❀

우리의 옛 이야기를 발굴한 기록자

역사가인가, 작가인가

일연은 고구려, 백제, 신라 삼국 시대의 이야기를 담은 《삼국유사》를 쓴 사람으로 유명하다. 《삼국유사》는 《삼국사기》와 함께 우리 고대 역사를 이해하는 데 없어서는 안 될 대표적인 역사책이다. 이런 설명을 듣다보면 의문이 떠오른다. 왜 시나 소설, 산문이 아니라 역사책을 쓴 일연이 한국 문학사를 대표하는 작가로 손꼽히는 걸까?

먼저 일연의 삶을 살펴보자. 일연 무덤의 비석에는 그의 생애에 관한 기록이 새겨져 있다. 일연의 성은 김 씨이고, 이름은 견명이었다. 우리가 아는 '일연'이라는 이름은 법명, 즉 스님이 쓰는 이름이다. 그는 9살에 집을 나가 세상을 떠나기까지 평생 스님으로 살았다. 일연은 스님들이 보는 과거 시험 '승과'에 응시해 장원을 했을 정도로 똑똑했다.

군위 인각사에 있는 일연 초상화

일연을 역사가로 볼지 작가로 볼지 판단하려면 그의 대표작 《삼국유사》가 우리 문학사에 어떤 의미를 가지는지 알아야 한다.

역사책이자 뛰어난 문학 작품 《삼국유사》

《삼국유사三國遺事》의 제목을 풀어 보면 삼국(三國, 고구려·백제·신라)의 기록되지 않은遺 일事들을 수집하여 엮은 책이라는 뜻이다. 《삼국유사》는 기존의 역사책에서 다루지 않았거나 근거가 부족해 역사책에 쓰지 못한 일들로 채워져 있다. 국가의 정책, 왕의 명령보다는 건국 신화, 설화와 전설, 노래, 스님들의 이야기 등이 더 많이 실려 있다.

《삼국유사》는 '기이'라는 제목으로 시작한다. 기이란 기묘하고 이상하다는 뜻이다. 귀신이나 도깨비 같은 '이상하고 특이한 이야기'로 역사의 빈 부분을 메워 보겠다는 뜻이다. 일연은 삼국 시대 이전의 역사를 쓰고 싶어서 자료를 모으려고 했지만 공식적인 역사책으로는 부족했다. 일연은 단편적으로 역사 자료를 모으기 시작했고, 이것마저 구하기 어려워 신화나 설화 등을 가지고 왔다. 우리가 '단군 신화'라고 부르는 고조선 건국 신화가 대표적이다.

고조선은 실제로 있었던 나라지만 누가, 언제 세웠는지 기록한 책이 없다. 그래서 일연은 자료

《삼국유사》(한국민족문화대백과사전)

를 찾아 나섰고, 그 과정에서 단군 신화에 관한 기록을 발견했다. 그런데 단군 신화는 사람과 곰이 결혼을 해 단군을 낳았다는 황당한 이야기로 이루어져 있었다. 일연은 단군 신화가 실제로 일어난 일이라고 주장하지는 않았다. 다만 중국 고대 왕조의 시작을 살펴봐도 사람과 용 사이에서 아들이 태어났다는 기적 같은 일들이 역사책에 실려 있다고 지적했다. 때문에 무조건 허무맹랑한 이야기로 취급해서는 안된다고 말했다. 일연은 이런 역사관을 가졌기에 단군 신화뿐 아니라 부여, 가야, 삼국의 건국 신화 등을 적극적으로 발굴해 실었다.

삼국 시대의 역사를 서술하는 부분에서도 기이한 이야기는 계속된다. 그림만 보고 당나라에서 온 모란꽃에 향기가 없다는 사실을 알아챈 선덕여왕, 거센 파도를 잠재웠다는 전설의 피리 만파식적, 아름다워서 용에게 끌려갔다는 수로부인, 노래로 역병을 물리친 용의 아들 처용의 이야기 등 오늘날 우리에게도 친숙한 수많은 우리 고대 설화가 《삼국유사》에서 나왔다.

이러한 신화, 설화 등의 이야기는 민간에서 전해왔고 시간이 흐르면서 이야기들이 덧붙여져 사실이 아닐 수 있다. 그러나 이들 이야기를 통해 당시의 역사, 사회상을 더욱 풍성하게 이해할 수 있다. 또한 이야기를 만들고 퍼뜨린 옛날 사람들의 생각을 엿볼 수 있으며 역사에 대한 상상력을 키울 수 있다.

《삼국유사》로 보는 삼국 시대 불교 문화

《삼국유사》에는 불교와 관련된 설화가 많이 담겨있다. 〈흥법〉은 불교를 발전시킨 승려나 임금에 대한 이야기이다. 〈탑상〉은 탑과 불상을 만들면서 일어난 기이한 일을 모았으며, 〈의해〉는 승려들의 일화를 기록했다. 〈신주〉와 〈감통〉은 승려의 초월적인 힘과 신비한 신앙 체험을 소개하고 있으며, 〈피은〉은 속세를 떠나 숨어 산 사람들, 〈효선〉은 효자들의 감동적인 이야기이다.

《삼국유사》 이전에 나온 역사서에는 불교와 관련된 일이 거의 빠지거나 내용이 적었다. 스님이었던 일연은 불교를 중심으로 역사서를 썼다. 그래서 불교를 발전시킨 왕이나 승려, 불교를 열심히 믿고 부처나 보살이 된 설화가 많다. 부모가 자식을 위해, 자식이 부모를 위해 절을 지어 스님에게 기부한 이야기도 실려 있다.

또한 《삼국유사》를 통해 삼국 시대의 불교 문화를 이해할 수 있다. 불교 사찰이 지어지게 된 이야기와 불교 미술품을 누가, 어떻게 만들었는지에 관련된 흥미로운 일화가 가득하다.

우리 옛 노래 '향가'를 보존한 책

《삼국유사》가 문학 분야에서 주목을 받은 이유 중 하나는 향가가 실렸기 때문이다. 오늘날까지 남은 향가는 《삼국유사》에 실린 14수,

고려 시대의 승려 균여가 지은 〈보현십원가〉 11수 등 25수가 전부이다.◆

《삼국유사》는 향가 중에서도 신라 시대의 작품을 모아놓은 귀한 책이다. 심지어 작가가 10명이 넘고 7~9세기에 걸쳐서 창작된 작품이라 신라의 시대 상황을 엿볼 수 있다. 특히 일연은 향가가 창작된 시대적 배경, 창작자의 신분 등을 함께 소개했다. 향가 가운데 창작 연대가 가장 오래된 〈서동요〉를 소개한다.

선화공주님은

남 몰래 정을 통해두고

서동방을

밤에 몰래 안고 간다.

— 작자 미상, 〈서동요〉

〈서동요〉는 백제에서 마를 캐며 살았던 청년 서동과 신라 진평왕의 셋째 딸 선화공주와 결혼하게 된 이야기 〈서동설화〉와 함께 실려 있다. 서동은 선화공주와 결혼하기 위해 노래를 지어 선화공주가 몰래 자신에게 시집왔다는 소문을 퍼트렸다. 그리고 소문 때문에 신라에서 쫓겨난 공주와 결혼해 훗날 백제의 무왕이 되었다. 이 설화와 노래

◆   여기에 고려 시대에 지은 〈도이장가〉와 〈정과정곡〉을 포함시켜 27수로 보기도 한다.

는 실제 역사와 다르다. 그러나 〈서동요〉와 〈서동설화〉는 백제와 신라가 활발하게 교류했음을 보여주는 작품이다. 실제로 백제의 동성왕과 신라 왕족의 딸이 혼인해 결혼 동맹을 맺었다는 기록도 있다.

향가를 쓴 작가의 신분은 다양했다. 주로 승려, 화랑이 많고 왕자, 농민, 여성 등도 있었다. 대부분 작가 당 한 편의 향가만 남아 있는데 승려인 월명사와 충담사는 각각 두 편의 향가를 남겨 눈길을 끈다. 월명사는 태양이 두 개가 되어버린 재앙을 부처의 힘으로 물리친 〈도솔가〉와 죽은 누이를 기리는 〈제망매가〉를 지었다. 충담사는 화랑 기파랑을 찬양한 〈찬기파랑가〉와 백성을 위한 정치를 바라는 〈안민가〉를 지었다.

향가는 우리 문학사에 처음 나타난 시가이다. 우리 민족의 정신과 서정을 표현했다는 점에서 우리 문학의 주체성을 잘 보여준다. 《삼국유사》가 없었다면 향가가 우리에게 전해지기 어려웠을 것이다. 그래서 문학사에서 《삼국유사》의 가치는 헤아리기 어렵다.

작가로서의 일연, 문학으로서의 《삼국유사》

어떤 학자는 《삼국유사》가 그저 이야기 모음집일뿐 일연이 창작한 작품이 아니라고 말한다. 하지만 일연은 역사 사례와 설화들을 단순히 모으기만 한 것이 아니라 자신만의 철학으로 책을 엮었다. 역사 이야기를 기록한 뒤, 자신의 감상을 시로 쓴 '찬시'를 남겼다. 《삼국유사》에는 일연의 찬시가 45편이나 들어 있다. 이것만 모아도 한 권의 시집이 될 정도로 내용이 풍부하다. 무엇보다 《삼국유사》는 한국 문학에 엄청난 영향을 끼친 작품이다. 후대에 작가들이 《삼국유사》에 기록된 역사와 설화를 참고하여 문학 작품을 창작했기 때문이다. 그래서 일연은 우리 문학사에서 빼놓을 수 없는 작가이다.

한 걸음 더

《삼국유사》와 《삼국사기》

《삼국유사》를 이야기할 때 꼭 함께 나오는 책이 있다. 바로 《삼국
사기》이다. 두 책 모두 우리나라 고대 국가 고구려, 백제, 신라의 역사
를 기록한 역사책이다. 《삼국사기》는 1145년(고려 인종 23년)에 김부식
(1075~1151)이 편찬했고, 《삼국유사》는 1285년(충렬왕 11년)에 일연이
완성했다.

《삼국사기》와 《삼국유사》
는 비슷한 점보다는 다른 점
이 더 많다. 《삼국사기》는 국
가에서 펴낸 역사책이다. 김
부식과 10여 명의 학자가 함
께 썼다. 반면 《삼국유사》는
일연 개인이 혼자 쓴 책으로

《삼국사기》(문화재청)

기존 역사책과 형식이 다르다.

두 책은 역사관에서도 차이가 난다. 《삼국사기》는 유교를 바탕으로 왕권을 강화하기 위해 쓰였다. 《삼국유사》는 불교를 바탕으로 몽고 침략에 맞서 우리 민족의식을 끌어올리기 위해 쓰였다.

일연이 살았던 13세기의 고려는 몽고의 침입을 겪어야 했고, 원나라의 간섭을 받았다. 일연은 몽고 침략과 원나라의 지배로 고통 받는 백성들에게 삶의 희망을 주고 민족의식을 심어주려고 했다.

《삼국사기》는 고구려, 백제, 신라의 정치, 제도, 인물 중심으로 서술했다. 《삼국유사》는 고조선, 삼한, 부여, 가야까지 포함시켜 우리나라 상고 시대 역사를 확장했다. 또한 민족, 종교, 민속을 중심으로 써서 《삼국사기》에서 다루지 않은 신화나 설화도 담고 있다.

《삼국유사》는 공식적인 역사책이 아니었으나 국가에서 펴낸 《삼국사기》에 빠진 내용이 많다 보니, 역사서를 보완해주는 참고 도서가 되었다. 그래서 《삼국유사》를 '대안 역사책'이라고 부른다.

김시습

金時習, 1435~1493

우리 문학사에 우뚝 솟은 비범한 작가

조선 초기의 문단과 문학

　고려의 멸망과 조선의 건국은 한국사의 큰 전환점이었다. 왕족의 성이 왕 씨에서 이 씨로 바뀌고 불교 대신 성리학이 새로운 지배 이념이 되었다. 고려 시대에 지배층이었던 세습 귀족은 고려 후기부터 과거에 합격하여 관직으로 나아간 신진 사대부로 교체됐다. 새롭게 벼슬에 오른 관료들은 개혁을 위해 새로운 정치 이념을 널리 알려야 했다. 문학도 이런 분위기를 따라 창작되었다.

　조선 초기의 문학은 기본적으로 '정치를 위한 문학'이었다. 대체로 새 왕조를 칭찬하는 시와 산문이 나왔다. 정도전과 권근 등 개국 공신들이 나라의 기반을 닦았고 정인지, 신숙주, 최항, 서거정 등 집현전 출신이나 관료들이 문단을 이끌어갔다.

　조선이 세워지고 반세기가 지난 무렵에 한국 문학사에서 아주 중요

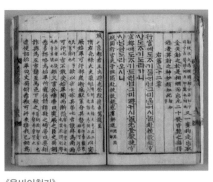

《용비어천가》

한 사건이 일어났다. 세종대왕이 우리 고유의 문자 한글을 창제해 반포했다. 세종대왕은 백성들 사이에 한글이 자리 잡을 수 있도록 〈용비어천가〉와 〈월인천강지곡〉을 만들었다. 배우기 어려운 한자와 달리 한글은 읽고 쓰기 쉬워 일반 백성들도 쉽게 작품을 창작할 수 있었다. 한글 창제는 후대에 서민 문학이 발전하는 바탕이 되었다.

시대를 잘못 태어난 비운의 천재

김시습은 성균관 근처 마을의 선비 가문에서 태어났다. 김시습은 어마어마한 천재로 유명했다. 태어난 지 여덟 달 만에 글자를 다 배우고 3살 때 한시를 지었다. 김시습이 글을 잘 짓는다는 소문은 궁궐까지 퍼졌다. 김시습은 5살 때 세종 임금에게 불려가 시를 짓고 비단 도포를 하사받았다. 이 일로 김시습은 '오세동자'라는 별명을 갖게 됐다.

젊은 날 김시습은 성균관 주변에서 문인들에게 배우면서 과거를 준비하였다. 그러던 어느 날 수양대군이 계유정난을 통해 정권을 장악하고 얼마 되지 않아 조카 단종의 왕위를 빼앗았다는 소식이 전해졌다. 김시습은 이 소식을 듣고 방안에 틀어박혔다. 계유정난은 김시습이 이제까지 배워왔던 유교적 가치가 모두 부정당한 충격적인 사건이었다. 소식이 전해지고 사흘이 되던 날, 그는 큰 소리로 울부짖으며 공부하던 책을 모두 태워버리고 뛰쳐나갔다.

그렇게 방황하기 시작한 김시습은 1458년 관서 지방(평안도, 황해도 북부)을 시작으로 관동 지방(강원도 대관령 동쪽)과 호남 지방의 사적지와 명승지를 여행 다니며 시를 지었다. 이렇게 지은 시는 《유관서록》, 《유관동록》, 《유호남록》으로 묶었다.

1462년 김시습은 유람을 마치고 정착하기로 마음먹었다. 그는 경주 금오산 중턱의 용장사에 '금오산실'이라는 집을 지었다. 7년 동안 그곳에 머물며 경주 시내와 금오산 일대를 돌아다녔다.

서울에서 나고 자란 그에게 경주는 제2의 고향이었다. 그는 "금오에 와서 살게 된 이래로 멀리 여행하는 것을 좋아하지 않았다."라고 고백할 정도였다. 그의 호 '매월당梅月堂'은 '금오산의 매화와 달'이라는 뜻에서 가져왔다. 그러나 그토록 사랑했던 경주조차도 그의 방랑을 멈추지는 못했다.

다시 길을 나선 김시습은 경기도 수락산에 머문 시기를 제외한다면 평생을 길에서 보냈다. 김시습은 자신의 자화상에 시를 붙

금오산실이 있었던 경주 남산(문화재청)

여 슬프고 괴로운 자신의 삶을 노래했다.

> 네 몸은 지극히 작고
>
> 네 말은 지극히 어리석네.
>
> 네가 죽어 버려질 곳은
>
> 저 산골 계곡이라네.
>
> ― 김시습, 〈자화상에 부쳐〉 중에서

《매월당시사유록》에 들어 있는 김시습 자화상

김시습은 1493년 59세 때 충청남도 부여 무량사에서 숨을 거두었다. 그가 세상을 떠나고 약 90년 뒤인 1583년에 그의 시와 산문을 엮은 문집 《매월당집》이 간행되었다.

길 위의 작가, 길 위의 문학

김시습의 시와 산문은 대부분 김시습이 길 위를 떠돌면서 지은 것이다. 특히 2천여 수가 넘는 한시는 '길 위의 노래'나 마찬가지였다.

김시습은 유람하면서 자신이 가치있게 생각한 것들을 문학 작품으로 표현했다. 첫째는 일체의 속박에서 벗어난 자유이다. 춘천을 유람할 때 북한강 변의 정자에 올라 쓴 시 〈소양정〉은 그의 자유정신을 잘 보여준다.

새는 멀리 하늘 끝으로 사라지는데
나의 시름과 근심은 그칠 줄 모르네.
산은 북쪽으로부터 내려오고
강물은 서쪽을 향해 흐른다.
저 멀리 모래톱에 기러기 내려앉고
조용한 언덕으로 나룻배 돌아온다.
언제쯤 세상의 그물 던져 버리고
흥이 나서 이곳에 다시 놀러 올거나.
— 김시습, 〈소양정〉 제1수

둘째는 국토와 자연생태의 아름다움이다. 돌 하나, 나무 한 그루, 새와 짐승 하나하나가 모두 시를 떠올리게 했다. 그는 특히 명승지와 고적을 만날 때에 느꼈던 경이로움을 아낌없이 표현했다. 황해도 개성을 찾았을 때 들른 박연 폭포의 웅장한 모습 앞에서도 그랬다.

푸른 벼랑 만길 어찌 저리 웅장한가.
위로 천 척 깊은 못이 있어
깃든 용 잠 깨어 노여움 풀지 않고
천만 섬 옥구슬 뿜어내니
흰 구슬 푸른 벼랑에 흩어지누나.
— 김시습, 〈박연 폭포〉 중에서

김시습은 고독한 여행자였다. 그래서일까. 마음 기댈 곳 없었던 그가 우리 강산에 보이는 애정은 따뜻하고, 그가 묘사한 자연은 더욱 정겹게 다가온다.

셋째는 역사 유적지였다. 김시습은 개성에 도착해서 폐허가 된 옛 궁궐의 모습을 보고 옛 왕조의 덧없음을 떠올렸다.

> 고려 5백 년 공업이 이미 거짓이라.
> 지는 해에 비춘 방초에 나의 수심 깊어만 가네.
> 폐허의 빈 집 꽃밭에는 주인 보이지 않고
> ─ 김시습, 〈송도〉 중에서

호남 여행에서는 백제와 후백제 등을 떠올리며 '백제의 옛일을 읊다'라는 제목으로 연작시◆를 짓기도 했다. 경주에 머무를 때 쓴 《유금오록》은 신라의 역사와 사적을 주제로 했다. 시의 소재에는 포석정, 첨성대, 안압지, 불국사 등 신라의 주요 유적지가 포함되어 있다.

넷째, 농민들의 비참한 생활과 양반의 비행을 폭로하는 일도 빠뜨리지 않았다. 산촌이든, 농촌이든 고통스러운 현실이 널려 있었다. 김시습이 직접 들은 농부들의 말은 모두 시의 구절이 되었다. 〈산촌의 어려움〉, 〈가뭄을 안타까워하다〉, 〈농민들이 토란국을 끓이네〉 등 작

◆ 하나의 주제로 여러 시를 써서 하나의 작품으로 지은 시.

품에 농민들의 힘든 삶이 생생하게 드러나 있다. 당시 지배층을 교활한 동물에 비유하면서 백성들을 갉아먹고 세상을 병들게 하는 존재로 그린 시도 있다.

최초의 한문 소설 《금오신화》

오늘날 김시습 하면 소설 《금오신화金鰲新話》를 먼저 떠올린다. 우리나라 최초의 한문 소설이기 때문이다. 문학사에서 '최초'가 갖는 의미는 굉장히 크다. 《금오신화》는 김시습이 경주의 금오산에 살 때 쓰였다. 제목에 한자 '새로울 신新' 자를 쓴 것은 기존의 문학과 다른, 새로운 문학이라는 뜻이다. 《금오신화》에는 〈만복사저포기〉, 〈이생규장전〉, 〈취유부벽정기〉, 〈남염부주지〉, 〈용궁부연록〉 등 5편의 단편이 실려 있다. 모두 우리 역사와 옛 이야기에서 소재를 가져와 민족의 정서를 담아냈다. 또한 남원, 평양, 개성 박연 폭포 등 우리나라에 실제 존재하는 곳을 배경으로 해 사실적으로 표현했다.

《금오신화》(한국민족문화대백과사전)

《금오신화》에는 세상과 어울리지 못하는 김시습의 모습이 나타난다. 《금오신화》 속 소설의 주인공은 대부분 어지러운 세상 때문에 원하는 것을 이루지 못하고 비극적으로 끝나기 때문이다.

〈만복사저포기〉는 남원 만복사의 연등
회에 참가했던 노총각 양생이 부처와 저포
(윷) 놀이에서 이겨 여인을 만나게 되는 이
야기다. 그러나 그 여인은 왜구의 난리 때
죽은 귀신이라서 결국 인연을 맺지 못한다.
〈이생규장전〉은 이생이라는 주인공이 최랑

위만 조선과 기자 조선

중국의 연나라의 위만이라는 사람이 고조선의 왕을 몰아내고 세운 나라가 위만 조선이다. 기자 조선은 중국의 은나라의 기자라는 사람이 고조선으로 피난 와서 세웠다는 나라인데, 실제로 있었던 나라인지는 분명하지 않다.

이라는 여인과 사랑을 나누다 우여곡절 끝에 가정을 이루지만, 홍건
적의 난으로 최랑이 죽게 돼 이승과 저승 간에 사랑을 나누다 끝내 이
생도 죽게 된다는 내용이다. 두 소설 모두 비극적인 사랑을 주제로 하
면서도 왜구와 홍건적 침략으로 겪는 여인들의 희생과 한을 다룬 사
회성이 짙은 소설이다.

《금오신화》에 실린 모든 작품에는 김시습의 저항의 몸짓이 드러난
다. 〈취유부벽정기〉는 대동강 뱃놀이에서 위만 조선에게 나라를 빼앗
긴 기자 조선의 왕녀를 만나는 설정을 통해 조카의 왕위를 빼앗은 세
조를 풍자했다. 〈남염부주지〉는 경주에 사는 박생이 꿈에서 저승 세
계 '염부주'로 가 염라대왕과 토론을 벌이는 내용인데, 현실에 관한
비판으로 이루어져 있다. 〈용궁부연록〉은 용왕 잔치에 초대 받은 한
생이 글을 지어주고 능력을 인정받았지만 육지에 돌아와 사라졌다는
이야기다. 이를 통해 인재가 능력을 펼치지 못하는 현실 세계를 되돌
아보게 한다.

길 위를 떠돌며 세상과 소통했던 작가

오늘날 김시습은 조선 전기를 대표하는 문인으로 꼽히지만, 살아있을 때 작가로 크게 인정받지 못했다. 김시습은 훗날 사림파 문인들이 벼슬에 오르기 시작하면서 주목을 받기 시작했다.

밝고 희망찬 분위기였던 조선 초기 문단에서 김시습은 예외적인 존재였다. 김시습은 '방외인', 요즘 말로 이야기하면 아웃사이더였다. 그는 문인들과 어울리지 않았고, 무리에 속하기 싫어했다. 하지만 김시습은 세상의 일을 외면하지 않았다. 시와 소설을 지으며 더러운 세상을 비판하고 꾸짖었다. 그는 길 위의 작가였고, 여행하는 철학자였다.

> **훈구파와 사림파**
>
> 훈구파란 조선 전기에 나라에 공을 세운 관리들로 이루어진 세력을 말한다. 사림파는 학문을 연구하는 선비 집단이다.

무량사 김시습 부도 ◆(문화재청)

◆ 덕이 높은 승려를 기리기 위해 세운 탑, 김시습은 말년에 무량사에서 승려로 이름을 올렸다.

김시습과 같은 시대,
다른 삶을 살았던 문인 서거정

　조선 전기의 문단은 중앙에서 관리로 활동하던 '관인 문인'들이 이끌어갔다. 이들은 나랏일을 위해 글을 썼기 때문에 흔히 '관각 문학' 또는 '관료적 문학'이라 불렀다. 그 중심에 서거정(1420~1488)이 있었다.

　서거정은 세종에서 성종까지 40년 넘게 중앙의 관료로 활동했다. 그는 국가의 학문과 문학에 관련된 일들을 맡았는데, 조선 전기 제도, 문물, 역사, 시문을 정리한 문헌 대부분이 서거정의 손을 거쳤다. 그는 《경국대전》, 《삼국사절요》, 《동문선》, 《동국여지승람》, 《동국통감》 등 나라의 법전과 역사서 편찬에 참여했다. 그가 지은 작품은 《필원잡기》, 《사가집》, 《태평한화골계전》, 《동인시문》 등이 있다. 특히 130권에 달하는 《동문선》은 역대 한문학 작품 중 뛰어난 작품들을 모은 것으로 사대부들의 문장 수업에 쓰였다.

서거정은 김시습과 같은 시대에 태어났지만, 완전히 다른 삶을 살다갔다. 두 사람은 모두 어릴 때부터 글을 잘 짓기로 유명했다. 그러나 단종 폐위 사건을 계기로 운명이 갈라졌다. 서거정은 수양대군을 도와 높은 벼슬에 올랐지만 김시습은 단종에게 충성을 바친 생육신◆으로 남았다. 서거정이 중앙에서 사대부 문학을 이끌어갔을 때, 김시습은 변방에서 새로운 문학을 개척했다. 서로 다른 문학의 길을 걸었지만, 두 사람은 편지를 주고받으며 친하게 지냈다.

◆　조선 시대 세조가 단종으로부터 왕위를 빼앗자 벼슬을 버리고 절개를 지킨 여섯 신하를 말한다.

이이

李珥, 1536~1584

문학으로 세상을 이롭게 한 문인

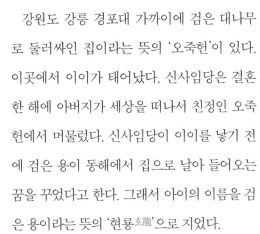

화폐에 오른 어머니와 아들

흔히 화폐에는 그 나라를 대표하는 역사 인물의 초상화를 넣는다. 대한민국 화폐에 들어간 인물은 5만 원권 신사임당, 1만 원권 세종대왕, 5천 원권 이이, 1천 원권 이황, 100원 동전 이순신 장군이다.

신사임당과 이이는 어머니와 아들 사이다. 모자가 나란히 화폐에 오른 것은 드문 일이다. 그만큼 신사임당과 이이가 뛰어난 인물이라는 뜻이다.

신사임당의 초상화

강원도 강릉 경포대 가까이에 검은 대나무로 둘러싸인 집이라는 뜻의 '오죽헌'이 있다. 이곳에서 이이가 태어났다. 신사임당은 결혼한 해에 아버지가 세상을 떠나서 친정인 오죽헌에서 머물렀다. 신사임당이 이이를 낳기 전에 검은 용이 동해에서 집으로 날아 들어오는 꿈을 꾸었다고 한다. 그래서 아이의 이름을 검은 용이라는 뜻의 '현룡玄龍'으로 지었다.

이이는 어머니 신사임당을 닮아 똑똑하고 재주가 많았다. 외할머니가 3세였던 이이에게 석류를 보여주자 "석류 껍질 속에 부서진 붉은 구슬이 들어 있다."라고 옛 시의 구절을 말했다. 이때

이이가 태어난 강릉 오죽헌 전경(한국민족문화대백과사전)

부터 이미 글을 알았다는 이야기다. 이이는 13세 때 과거 시험에 합격하여 사람들을 놀라게 했다. 이후로도 그는 과거에 응시해 아홉 번 모두 장원으로 합격했다. 그래서 이이의 별명이 아홉 번이나 장원한 사람이라는 뜻의 '구도장원공'이었다.

백성을 위한 공부, 정치를 위한 학문

남다르게 공부를 잘했던 이이는 훗날 책을 써서 공부에 관한 철학을 정리했다. 이이가 말한 공부의 핵심은 '뜻을 세우고 실천하는 것'이다. 이이는 입으로만 읽고서 몸으로 실행하지 않으면 글은 글로 끝나고, 책을 읽는 사람도 전혀 달라지지 않는다고 말했다.

이러한 태도는 이이가 쓴《격몽요결》,《성학집요》 등에서도 볼 수

있다.《격몽요결》은 어린이들이 공부를 시작할 때 책을 읽는 자세와 습관, 책 읽는 순서 등을 소개한 책이다. 향교나 서당 등 조선 시대의 학교에서 널리 활용되었다.

《성학집요》는 임금을 위한 공부 교재였다. 오랫동안 임금의 공부 선생님이었던 이이는 기존의 교재가 조선의 상황과 맞지 않다고 생각했다. 그래서 유학을 조선의 현실에 맞게 다듬어《성학집요》를 썼다.

이이에게 공부는 개인의 인격 수양이나 과거 급제를 위한 것만이 아니었다. 이이는 학문이 현실에서 쓰일 수 있도록 노력했다. 또한 전국에 향약을 보급해 유교의 예절과 풍속을 널리 알렸다. 그리고 그가 쓴 책들은 학문을 공부하는 선비에게 큰 도움을 주었다.

> **향약**
>
> 향약은 시골 마을에서 지켜야 하는 규칙을 의미한다. 향약은 원래 중국에서 들어왔지만, 이이가 조선 향촌 사회에 맞게 바꾸었다.

문학가로서 이이

이이는 8살 때 아버지의 고향인 파주의 율곡에서 살았다. 그래서 이이의 호가 '율곡'이다. 어느 날 이이는 마을에서 가까운 임진강으로 놀러나갔다. 이때 강가에 세워진 화석정 정자에 올라 지은 시가 〈화석정〉이다. 율곡 이이의 대표 시 〈화석정〉은 지금도 화석정에 걸려 있다.

숲속 정자에 가을이 깊었으니

시인의 생각은 끝이 없구나.

멀리 강물은 하늘에 닿아 푸르고

서리 내린 단풍은 햇볕에 붉게 빛나네.

산에서는 외로운 둥근 달 솟아오르고

강물은 끝없이 바람을 머금네.

변방의 기러기는 어디로 가느냐.

울음소리 저녁 구름 속으로 끊어지네.

— 이이, 〈화석정〉 중에서

　그 외에도 이이는 500수 가까운 한시와 〈고산구곡가〉를 남겼다. 이 작품은 송나라 주희의 〈무이구곡도가〉를 참고해서 쓴 시조이다. 서곡

파주 화석정(한국민족문화대백과사전)

과 아홉 골짜기의 경치를 노래한 9곡 등 모두 10곡으로 되어 있다. 서곡은 다음과 같이 시작한다.

고산 구곡담을 사람이 모르더니
주모복거◆하니 벗님네 다 오신다.
어즈버 무이◆◆를 상상하고 학주자◆◆◆를 하리라.
— 이이, 〈고산구곡가〉 서곡 중에서

이어지는 1곡은 "일곡은 어드메오"로 시작하는데, 이렇게 스스로 묻고 답하는 형식이 9곡까지 이어진다. 〈고산구곡가〉는 〈무이구곡도가〉의 형식을 빌려왔지만 단순히 〈무이구곡도가〉를 따라한 작품은 아니다. 〈무이구곡도가〉의 배경이 혼자 학문을 닦는 신비로운 곳이었다면 〈고산구곡가〉는 벗들을 반갑게 맞이하는 곳으로 그려냈다. 또 주희가 만든 산수 유람시의 정석을 따르지 않고 이이의 독창적인 정서를 표현해 우리 문학사에서 중요한 작품으로 꼽힌다.

또 이이는 선조의 명을 받아 조선 초기의 문인 김시습의 전기 《김시습전》을 썼다. 왕의 명령을 받아 작품을 집필할 만큼 이이의 문학적 수준이 높았다는 뜻이다. 이이가 쓴 《김시습전》은 김시습의 삶과

◆　　　풀을 베어 집을 짓는다는 뜻.
◆◆　　주자가 살았던 중국 복건성의 산.
◆◆◆　주자의 학문을 배우는 일.

생각을 객관적으로 잘 보여준 작품이다.

세상을 이롭게 한 문학가

　이이는 이황과 함께 조선을 대표하는 유학자이다. 조선의 유교 즉
'성리학'은 이황과 이이에 의해 그 토대가 만들어졌다. 그는 유학자말
고도 정치가이자 교육자였으며 문학가였다. 이이는 관직에서 일하면
서 한시나 산문보다는 나랏일에 필요한 논설문을 주로 썼다. 이이는
문장이란 도덕적 올바름을 담는 그릇이며, 참된 문장은 도를 나타내
야 한다고 생각했다. 이이는 문학을 통해 백성을 교화하고 세상을 이
롭게 할 수 있다고 생각했다. 그래서 그의 글은 세상을 이롭게 하려는
내용으로 채워졌다. 이이의 글을 모은 책《율곡집》에 시나 산문보다
사회성 짙은 글이 많은 이유이다.

　이이의 시대적 고민이 학문으로 드러났다면, 그가 살아가며 느낀
감정은 시와 시조, 그리고 일기와 같은 산문으로 표출되었다. 이이가
남긴 〈고산구곡가〉를 비롯한 시조 작품은 후대의 문인에게 참고 자
료가 되어 한문 시조의 수준을 끌어올렸다. 그리고 김시습의 삶과 문
학을 논평한《김시습전》은 김시습을 이해하는 가장 기본적인 자료가
되었다. 이처럼 이이는 정치, 경제, 사회, 교육, 문학을 아우르는 통합
형 지식인이었다.

퇴계 이황의 문학과 〈도산십이곡〉

　조선을 대표하는 성리학자 퇴계 이황(1501~1570)과 율곡 이이는 둘을 함께 이야기하는 경우가 많아서 '퇴율退栗'로 불릴 정도이다. 이황과 이이는 나이 차이가 35살이나 나는데다, 사는 곳도 달라서 직접 가르침을 주고받은 관계는 아니었다. 하지만 이이는 대학자였던 이황을 마음 깊이 존경했다. 이황이 사는 경상북도 안동으로 찾아갔으며, 편지를 보내 성리학에 대해 물어보았다.

　이황과 이이의 학문 방향은 같았지만, 벼슬살이에 대한 생각은 달랐다. 이이는 최대한 관직에 있으면서 자신의 학문을 국가 정책에 적용시키려 힘썼다. 그러나 이황은 벼슬살이에 한계를 느껴, 중간에 그만두고 시골로 내려갔다. 그래서 이황의 시나 산문에는 자연을 표현한 작품이 많다. 이황이 제자들을 가르친 서당이 있었던 도산의 풍경과 생활을 읊은 〈도산잡영〉의 한 대목을 보자.

거친 땅, 푸른 둑이 이어 있고

엮은 집은 붉은 바위를 마주하네.

시냇가 풀들은 대부분 이름 없고

모랫가의 새들 모두 아름답네.

산에서 살면서 손익을 생각하리오.

냇가에 앉아 음악소리를 듣네.

신선한 푸성귀를 푹 삶으니

어찌 배고프길 기다리리오.

— 이황, 〈도산잡영〉 중에서

이이에게 〈고산구곡가〉가 있다면, 이황에게는 〈도산십이곡〉이 있다. 〈도산십이곡〉은 자연에 파묻혀 사는 즐거움을 노래한 '언지' 편 6수와 학문을 완성하겠다는 의지를 표현한 '언학' 편 6수로 되어 있다. 사람들 입에 가장 많이 오르내리는 언지의 첫 번째 수와 언학의 세 번째 수는 다음과 같다.

이런들 어떠하며 저런들 어떠하료.

초야우생◆이 이렇다 어떠하료.

하물며 천석고황◆◆을 고쳐 무엇하료.

— 이황, 〈도산십이곡〉 '언지' 제1수

◆   깊은 산골에 묻혀 사는 어리석은 사람.

◆◆   자연을 벗하며 살고자 하는 마음.

고인도 날 못 보고 나도 고인 못 봐

고인을 못 봐도 갔던 길 앞에 있네

녀던 길 앞에 있거든 아니 녀고 어쩔고

— 이황, 〈도산십이곡〉 '언학' 제3수

　이처럼 〈도산십이곡〉에는 자연 속에서 학문과 마음을 갈고 닦으려
는 이황의 의지가 드러나있다. 이황의 삶은 자연과 내가 하나가 되는
물아일체의 경지였다.

정철

鄭澈, 1536~1593

국문 문학 시대를 연 천재 작가

가사 문학이 부상하다

　가사는 고려 말에서 조선 초 사이에 시작된 시가 문학이다. 4음보로 노래하기 편해서 양반뿐 아니라 일반 백성들도 널리 불렀다. 가사는 작품의 길이가 길어 시가 문학과 산문 문학의 중간 단계 문학이다. 창작되기 시작한 시기는 고려 말이지만 조선 초기 정극인의 〈상춘곡〉을 첫 작품으로 여긴다.

　가사는 시조와 달리 매우 폭넓은 내용을 담고 있다. 조선 전기에는 가사의 창작 계층이 주로 사대부여서 시조와 마찬가지로 풍경의 아름다움이나 임금에 대한 그리움을 노래한 게 많았다. 정극인의 〈상춘곡〉, 송순의 〈면앙정가〉, 정철의 〈성산별곡〉 등이 자연을 노래했다면, 정철의 〈사미인곡〉과 〈속미인곡〉은 임금에 대한 그리움을 노래한 작품이다.

　조선 후기에는 서민 가사가 등장하기 시작했다. 서민들은 사대부와 달리 남녀 간의 애정과 민중의 고통스러운 생활을 사실적

> **음보**
>
> 시의 운율을 이루는 단위이다. 쉬어가는 주기를 기준으로 3음절에서 4음절의 말이 1음보를 이룬다.

으로 그려냈다. 이처럼 이 시기 가사 문학에는 서민들의 정서가 고스란히 드러나 있다. 대표적인 서민 가사는 〈덴동어미 화전가〉이다. 봄날 꽃을 따서 전을 부쳐먹는 '화전놀이'라는 형식으로 덴동어미◆라는 한 여인의 기구한 생애를 펼쳐 보이는 작품이다.

19세기 말 20세기 초, 창가나 신체시와 같은 서구의 문학 양식이 들어오면서 가사는 잡가, 민요와 같은 운문 문학에 흡수되었다.

담양에서 피어난 정철의 문학

정철은 경복궁 서쪽의 장의동(지금의 서촌)에서 태어났다. 정철의 집안은 병조판서와 김제 군수를 지낸 조상이 있을 정도로 명망 있는 가문이었다. 그러나 정철의 나이 10살 되던 해, 을사사화가 일어나 집안이 망해버렸다.

어린 정철은 아버지를 따라 유배지를 옮

사화

한자로 선비 사(士)에 재앙 화(禍)를 써서 선비들이 화를 입었다는 뜻이다. 조선 시대에 선비들이 반대 정치 세력에 의해 피해를 보는 일을 일컫는다. 무오사화, 갑자사화, 기묘사화, 을사사화가 있었다.

겨다니다가 유배가 풀려 16살 때 전라도 창평, 지금의 담양에 정착한다. 정철은 이곳에서 인생의 스승 김윤제를 만났다.

◆ 불에 덴 아이의 어머니라는 뜻.

김윤제가 지은 환벽당(한국민족문화대백과사전)

김윤제는 한양에서 높은 벼슬을 하다가 노년에 제자를 키우기 위해 '환벽당'이라는 정자를 지어 그곳에서 학문을 가르쳤다. 정철이 김윤제의 제자로 들어가게 된 데는 흥미로운 일화가 있다. 김윤제가 어느 날 환벽당에서 낮잠을 자는데, 죽림천(송강)에 용이 노니는 꿈을 꾸었다. 잠에서 깨어 죽림천으로 내려가 보니 정철이 그곳에서 목욕을 하고 있었다. 김윤제는 정철이 범상치 않은 인물임을 알아보고 그를 제자로 거두어 글을 가르쳤다. 이렇게 담양에서 10여 년을 보낸 정철은 27세 되던 해 과거에 장원 급제한다.

최고의 가사 〈관동별곡〉, 〈사미인곡〉, 〈속미인곡〉

정철은 당대 최고의 문장가였다. 그가 지은 한시와 산문이 수백 편에 달하지만 무엇보다 뛰어난 작품은 그의 가사였다. 정철이 지은 가사로는 〈성산별곡〉, 〈관동별곡〉, 〈사미인곡〉, 〈속미인곡〉 4편이 전해진다.

〈성산별곡〉은 정철이 처음 담양으로 내려가 살던 20대 때 식영정의 주인인 김성원을 위해 지은 것이다. 〈성산별곡〉은 성산의 아름다움과 산중 생활의 즐거움을 노래했다. 이 작품은 송순의 〈면앙정가〉, 이현보의 〈어부가〉, 이황의 〈도산십이곡〉 같은 자연산수 시가를 이어받았다.

정철의 호를 따서 지은 송강정

〈관동별곡〉은 금강산과 강원도의 8개 명승지 '관동팔경'을 돌아보고 그 경치의 아름다움을 노래한 가사이다. 이 작품은 지역을 다스리는 관찰사로서 역할에 충실하려는 관리의 자세와 풍류를 즐기려는 여행자의 모습을 담아내고 있다. 금강산과 관동팔경의 아름다운 풍경을 우리말의 아름다움을 살려 표현했다.

〈사미인곡〉과 〈속미인곡〉은 합쳐서 '전후미인곡'이라고 한다. 정철은 두 작품을 자신의 호를 따서 만든 정자 '송강정'에서 지었다. 〈사미인곡〉과 〈속미인곡〉은 정철이 관직에서 물러났을 때 지은 작품이다. 그래서 임금에 대한 그리움과 충성심이 작품에 묻어난다.

〈사미인곡〉은 천상의 선녀가 그곳에서 모시던 임을 그리워하는 내용의 가사이다. 정철은 작품을 통해 자신은 선녀로, 임금은 그리워하는 임으로 비유해서 임금을 사모하는 정을 고백했다. 여인의 독백이 126구 전편을 채우고 있으며 우리말의 비중이 높다. 작품에 사용한 어휘와 표현이 기품 있고 우아하다. 고사나 고전을 끌어다 쓰지 않고

대중적인 언어로 풀어나가고 있다는 점에서 특별하다.

〈속미인곡〉은 〈사미인곡〉의 속편이다. 분량은 96구로 〈사미인곡〉보다 짧지만, 그리워하는 이에 대한 화자의 심정은 더욱 진솔하고 절절하다. 두 여인의 대화체 형식이며 순우리말 어휘를 많이 사용했다. 정철의 문학적 역량이 최고로 발휘되어 고전 가사 가운데 가장 뛰어난 작품으로 꼽힌다.

〈사미인곡〉의 일부

민중의 눈높이에 맞춘 아름다운 우리말 표현

정철의 가사에는 어려운 한자어보다 참신한 표현과 대중적인 언어가 많았다. 그가 강원도 관찰사에 부임하여 지은 시조 〈훈민가〉 중 한 대목에서 이런 특징을 발견할 수 있다.

아버님 날 낳으시고 어머님 날 기르시니

두 분 곳 아니시면 이 몸이 살았을까.

하늘같은 가없는 은덕을 어디 대어 갚사오리.

— 정철, 〈훈민가〉 제1수

마을 사람들아 옳은 일을 하며 살자.

사람으로 태어나서 옳은 일을 못한다면

말과 소에게 갓이나 고깔을 씌워 밥 먹이는 것과 무엇이 다르랴.

　　　　—정철, 〈훈민가〉 제8수

〈훈민가〉는 백성에게 유교 예절을 가르치려고 지은 시조이다. 〈훈민가〉에는 어려운 한자어나 의미를 알기 어려운 말은 보이지 않는다. 마을, 말, 소, 고깔, 밥 등 쉬운 말을 사용해 백성들이 따라 부를 수 있었다.

　정철은 술을 좋아해서 술을 소재로 한 작품을 많이 지었다. 술을 너무 좋아한 나머지 술에 취해 조정 일을 하는 데 차질이 생기기도 했다. 그러자 당시 임금 선조가 정철에게 은 술잔을 내리며 하루에 한 잔만 마시라고 명령한 일화가 널리 알려져 있다. 정철은 술만 보면 잇몸이 다 드러나도록 웃음을 주체하지 못했다고 한다. 술을 주제로 한 한시는 〈이미 술을 끊다〉, 〈술을 끊지 못하다〉, 〈술을 끊고자 한다〉 등이 있다. 다음은 정철이 지은 권주가◆ 〈장진주사〉 중 한 대목이다.

한 잔 먹세 그려 또 한 잔 먹세 그려

꽃 꺾어 세어놓고 무진무진 먹세 그려

◆　　　술을 권하는 노래.

이 몸 죽은 후면

지게 위에 거적 덮어 줄을 이어 매여 가나

유소보장♦의 만인이 울며 가나

억새 속새 떡갈나무 백양 숲에 가기만 하면

누런 해 흰 달 가는 비 굵은 눈 소소리바람 불 때

누가 한 잔 먹자 할꼬.

하물며 무덤 위에 잔나비 휘파람 불 때

뉘우친들 어찌 하리.

― 정철, 〈장진주사〉 중에서

〈장진주사〉는 인생의 무상함을 탄식하면서 후회 없이 술이나 먹자고 권유하는 이야기이다. 억새, 속새, 떡갈나무 등의 식물 이름뿐 아니라 가는 비, 굵은 눈, 소소리 바람 등 자연 현상을 묘사할 때 순우리말을 사용했다.

국문 문학 시대를 연 작가

정철의 인생은 크게 서울 시절과 담양 시절로 나눌 수 있다. 서울이

♦ 술 장식을 늘어뜨린 비단 장막으로, 여기에서는 화려한 상여를 말한다.

관직 생활을 하던 정치의 공간이었다면 담양은 학문과 문학의 공간이었다. 서울에서 정철은 승승장구하며 좌의정까지 오르지만, 서인의 우두머리로서 동인들을 공격하기도 했다. 한편 담양에서의 정철은 자연을 벗 삼아 생활하는 작가였다. 정철은 '권력의 화신'과 '대문장가'라는 두 얼굴을 가진 인물이었다.

영국 문학을 크게 발전시킨 작가가 셰익스피어라면 우리나라 국문학의 수준을 끌어올린 작가는 정철이었다. 물론 정철 이전에 국문으로 작품을 지은 작가도 있었지만 정철만큼 우리의 정서를 다채로운 우리말로 풀어낸 작가는 없었다. 흔히 정철을 '민족어의 연금술사'라고 부르는 이유가 바로 여기에 있다.

가사 문학의 고향, 담양

2000년대 들어 지방 자치 단체에서 지역을 알리고 경제를 활성화시키기 위해 지명을 바꾸는 일이 있었다. 경기도 여주시 능서면이 '세종대왕면'으로, 경상북도 군위군 고로면이 '삼국유사면'으로, 경주시 양북면이 '문무대왕면'으로 각각 바뀐 게 대표적인 사례이다.

전라남도 담양의 '가사문학면'도 원래 담양군 남면에서 바뀐 지명이다. 담양이 가사 문학의 고향이라는 사실을 알리기 위해 2019년 2월에 바꾼 것이다. 송순의 〈면앙정가〉, 정철의 〈성산별곡〉 등 조선 전기 문학사를 수놓은 가사 문학 작품 18편이 이곳에서 태어났다. 이곳에는 성산, 송강정, 자미탄, 소쇄원, 식영정, 환벽당 등 가사 문학 관련 명소들이 많다. 한국 가사 문학관도 담양에 있다.

가사문학면과 가까운 고서면과 창평면, 대덕면 등은 조선 시대에 창평이라고 불렸다. 이곳에서 수많은 시조, 가사들이 만들어졌다. 담

양 일대가 모두 가사 문학의 고향
이다.

전남 담양이 가사 문학의 산실
이 될 수 있었던 것은 면앙 송순
(1493~1582) 때문이다. 담양에서
태어난 송순은 벼슬에서 물러난

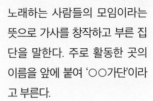

가단

노래하는 사람들의 모임이라는
뜻으로 가사를 창작하고 부른 집
단을 말한다. 주로 활동한 곳의
이름을 앞에 붙여 '○○가단'이라
고 부른다.

뒤에는 담양의 면앙정에 머물면서 가단을 만들었다. 송순이 이끈 '호
남가단'은 흔히 농암 이현보(1467~1555)가 이끈 '영남가단'과 함께 언
급된다.

송순은 생전 〈면앙정삼언가〉 등 500수가 넘는 한시와 국문 시가
20여 수를 남겨 조선 전기 가사 문학의 기틀을 마련했다. 그가 면앙
정 주위의 경치를 노래한 〈면앙정가〉는 146구의 장편 가사로, 뒷날
후배 문인들에게 큰 영향을 끼쳤다. 또 임금에게 바쳤다는 시조 〈자
상특사황국옥당가〉는 선비의 기개를 국화에 빗대며 간신들이 날뛰
는 시대 상황을 풍자한 작품으로 유명하다.

풍상이 섞어 친 날에 갓 피온 황국화를
금분에 가득 담아 옥당玉堂에 보내오니
도리야 꽃인 체 마라. 님의 뜻을 알괘라.
— 송순, 〈자상특사황국옥당가〉 중에서

송순의 가단은 뒷날 누각과 정자에서 바라본 풍경과 이에 대한 감상을 노래하는 '누정 문학'으로 이어졌다.

허균

許筠, 1569~1618

✤

관습을 거부한 자유로운 영혼의 작가

중국의 소동파, 조선의 허균

한 가문에서 문장가 한 사람이 나오기도 어려운데, 무려 세 명의 위대한 문장가를 배출한 집안이 있다. 흔히 소동파蘇東坡라고 불린 소식의 집안이다. 소식은 '문장의 천재'로 유명했는데, 그의 아버지 소순과 동생 소철도 뛰어난 문장가였다. 세 사람은 모두 문학적 업적이 탁월해 '당송팔대가'에 들었다. 특히 소동파의 명성은 생전에 중국을 넘어서 한반도에까지 알려졌다. 중국에 간 고려 사신들은 가장 먼저 그의 문집부터 챙겼다. 그의 문집은 고려 시대는 물론 조선 시대 내내 간행되었다.

우리나라에서 소동파 가문에 견줄 만한 문장가 집안은 어디일까? 꼽아본다면 《홍길동전》을 쓴 허균의 집안을 들 수 있다.

> **당송팔대가**
> 당나라에서 송나라까지 700년 기간 동안 선정된 중국 최고 문장가 8명을 지칭하는 말이다.

누이와 함께 스승 이달에게 글을 배우다

　허균은 허엽의 3남 2녀 중 막내로 태어났다. 그의 집안은 대대로 문벌과 학문으로 이름이 높았다. 아버지 허엽은 문인이자 성리학자였으며 바로 위 누이는 조선 중기 최고의 여성 문인으로 꼽히는 허난설헌이다. 허균은 남매들 가운데에서도 누이인 허난설헌과 가장 가까웠다. 특히 남매는 같은 스승에게 함께 시를 배우면서 가장 많은 영향을 주고받았다. 오누이의 정이 각별했던 허균은 허난설헌이 죽자 누이를 위해 문집《난설헌집》을 편찬했다. 또 중국 사신이 조선에 왔을 때 이 문집을 자랑스럽게 선물하여,《난설헌집》이 중국에서 발간되는 계기가 됐다.

여성 시인 허난설헌의 초상화

　그의 문학과 사상에 가장 큰 영향을 미친 또 다른 사람은 스승이었던 이달이었다. 이달은 능력이 매우 뛰어났지만 서얼 출신이어서 나랏일에 뜻을 펼치지 못했다. 허균은 스승을 통해 서얼들이 차별받는 삶에 눈을 떴다. 허균은 이달의 영향을 받아 서얼들이 차별받는 사회를 개혁하려고 했으며 서얼 차별을 다룬《홍길동전》을

허균의 스승 이달의 문집《손곡집》
(한국민족문화대백과사전)

쓰게 되었다. 나중에 허균은 이달의 문집 《손곡집》을 발간했으며, 그의 전기인 《손곡산인전》을 썼다.

허균의 남달랐던 행보

허균은 과거에서 장원 급제할 정도로 유학 경전을 훤히 알고 있었다. 외교 사절로 일하면서 새로운 학문에도 눈을 떠 불교와 도교의 책도 열심히 읽었다. 심지어 중국에서 천주교 기도문과 지도 등을 가져오기도 했다. 그는 이런 자유로운 독서를 통해 예법만 중요하게 생각하는 유교 사회를 비판하는 힘을 키웠다.

허균은 당시 사대부 사이에서 존경을 받았던 성리학의 대가 김종직을 비판하여 조선 사회에 큰 충격을 줬다. 허균은 김종직이 세조의 왕위 찬탈을 비판하며 관직에 나가지 않겠다고 해놓고 형조 판서 벼슬까지 오른 것은 모순적이라고 지적했다. 그러니 김종직이 훗날 시체의 목이 잘리는 부관참시를 당한 것은 "(그의) 불행이 아니라 하늘이 그의 간사하고 교활한 행위를 주벌한 것."이라고 이야기했다.

허균은 성역 없는 비판으로 당시 사대부 사이에서 눈엣가시 같은 존재였다. 그래서 반대파의 탄핵으로 파직과 유배가 반복되었다. 그러나 허균은 굴하지 않았고 오히려 당당하게 자신의 길을 갔다. 허균이 파직된 뒤 지었다는 시는 그의 자유분방한 생각을 잘 보여준다.

예교로 어찌 자유를 구속하리요.

잘 되고 못 되는 건 인정에 맡길 뿐

그대들은 그대들의 법을 따르라.

나는 스스로 나의 삶을 살아가리라.

— 허균, 〈관직에서 파직 당했다는 소식을 듣고〉 중에서

규범이 옥죄어 올수록 허균은 자유를 갈구하였다. 외부에서 강제하는 도덕이나 가치, 예법은 허균에게 통하지 않았다. 그는 점점 명성 높은 사대부들과는 멀어졌고, 신분이 낮은 자들과 어울렸다.

사회 개혁 의지를 담은 산문

허균이 생전에 편찬한 문집 《성소부부고》에는 그의 진보적인 생각을 담아낸 글이 몇 편 있다.

그의 개혁 사상을 잘 보여주는 글은 〈유재론〉과 〈호민론〉이다. 〈유재론〉은 관리를 뽑는 정책을 비판한 논설이다. 조선에 인재가 드문 이유는 땅이 좁아서가 아니라 서얼 차별 때문에 실력이 좋아도 관직에 오르지 못하는 사람들이 많기 때문이라고 말했다.

〈호민론〉은 백성을 항민(항상 순종하는 백성), 원민(원망은 하지만 저항하지 못하는 백성), 호민(깨어있는 백성) 등 세 부류로 나눠 설명하는

정치 논설이다. 허균은 깨어있는 백성인 '호민'을 두려워하며 백성을 위한 정치를 해야 한다고 주장했다.

> 호민은 나라의 허술한 틈을 엿보고 일의 형세가 편승할 만한가를 노리다가 팔을 휘두르며 밭두렁 위에서 한 차례 소리 지르면, 저 '원민'이란 자들은 소리만 듣고도 모여들어 모의하지 않고도 함께 외쳐댄다. 저 '항민'이란 자들도 역시 살아갈 길을 찾느라 호미, 고무래, 창 자루를 들고 따라와서 무도한 놈들을 쳐 죽이지 않을 수 없는 것이다.
>
> ― 허균, 〈호민론〉 중에서

호민은 민중을 지도하는 계층이다. 허균은 중국 역사에 등장한 황건적, 황소 등 난을 일으킨 사람들을 모두 호민으로 보았다.

또 다른 논설 〈관론〉과 〈후록론〉은 행정 제도 개혁론이다. 업무가 중복되는 관직과 지나치게 많은 관리의 수를 줄이되 관리에게 녹봉을 충분히 지급해 부정부패를 줄이고 일에 대한 책임감을 높이라고 조언한다.

허균이 개혁론을 펼칠 수 있었던 이유는 그가 여러 관직에서 두루 일한데다 다양한 독서를 통해 세상을 넓게 보았기 때문이다.

문학 비평가 허균

허균은 글을 잘 쓰기로 유명했다. 그는 특히 중국과 조선의 시를 감상하고 평가하는 것을 좋아했다. 허균은 중국과 조선의 한시에서 빼어난 문장을 뽑아 책으로 펴냈다.

문학 비평은 문학을 보는 뚜렷한 관점이 있어야 할 수 있다. 허균은 자신만의 문학론을 가지고 있었다. 허균은 남의 글을 모방하지 않은 독창적인 글이 좋은 글이라고 생각했다. 그는 스승인 이달에게 보내는 편지에서 이렇게 말했다.

> 옛 시가 비록 예스럽긴 하나 이는 그대로 베껴 흡사할 뿐이니, 남의 집 아래에서 집을 짓는 게 어찌 귀한 일이겠습니까. … 저는 제 시가 당나라의 시나 송나라의 시와 비슷해질까 두려울 뿐이니, 남들이 '허균의 시'라고 말하기를 원합니다. 이게 지나친 일일까요?
> ― 허균, '스승 이달에게 보내는 편지' 중에서

허균이 무조건 새로운 것을 추구한 것은 아니다. 그는 "모방하고 따져본 뒤에 변화를 이룬다."라는 《주역》의 구절을 원칙으로 삼았다. 허균은 우리말 문학이 인간의 감정과 사회 현상을 온전히 담을 수 있다고 생각했다. 그가 정철의 〈사미인곡〉을 높이 평가한 이유도 우리말로 창작됐기 때문이다. 이러한 문제의식은 최초의 한글 소설 《홍길동전》으로 이어졌다.

최초의 한글 소설《홍길동전》

우리가 '허균' 하면 가장 먼저 떠올리는 작품은《홍길동전》일 것이다.《홍길동전》은 허균이 쓴 유일한 한글 소설이다. 한문으로 쓴 이야기는 특별한 인물의 삶을 풀어낸 '전' 5편이 있다. 그 중〈남궁선생전〉은 주제나 구성이 뛰어나 한문 소설에 가깝다는 평가를 받았다. 허균이 쓴 전의 주인공은 주류에서 벗어났거나 불우한 일생을 살았다. 거지〈장생전〉, 서얼〈손곡산인전〉, 가난한 선비〈엄처사전〉 등이 있다.

사실《홍길동전》소설책에는 작가의 이름이 적혀있지 않다. 그리고 허균의 어떤 문집에도 한글 소설을 썼다는 이야기가 없다. 허균이《홍길동전》의 작가라는 근거는 조선 중기에 '이식'이라는 문학가가 쓴《택당집》에 "허균이 홍길동전을 지어《수호지》에 견주었다."라는 문장이다. 대부분의 학자들은 허균이《홍길동전》을 지었다고 확신한다. 허균이 서얼들의 고충과 생각을 잘 알고 있었던 데다 허균의 삶이 홍길동의 삶과 겹치는 부분이 있었기 때문이다. 1613년 서얼 일곱 명이 은상인을 죽이고 은을 훔친 '칠서의 옥' 사건

소설의 전 단계 '전'
전은 어떤 특별한 인물의 생애를 이야기 형식으로 풀어내는 문학 갈래이다. 보통 교훈이나 작가의 의견을 끝에 덧붙인다.

이 있었다. 이들은 서얼 차별을 폐지하라고 상소를 올렸지만 거부당해 불만을 가지고 도둑질을 하고 다녔다. 학자들은 이 사건이 《홍길동전》의 창작 배경이라고 보고 있다. 또 허균이 〈호민론〉에서 역사 속에 등장했던 의적을 '호민'이라고 언급한 점도 그가 작가임을 암시한다. 따라서 학자들은 허균이 아니면 《홍길동전》과 같은 영웅 소설 또는 의적 소설을 쓸 인물을 찾기 어렵다고 판단한 것이다.

《홍길동전》은 서얼 제도, 탐관오리, 과거제 등 조선 중기 사회의 모순을 고발한 사회 소설이다. 민중을 역사를 바꾸는 주체로 내세운 것이 특징이다. 《홍길동전》은 조선 후기 새로운 소설 문학의 시작을 알리는 작품이다. 이제 《홍길동전》은 국내는 물론 해외

펭귄 북스에서 펴낸 영문판 《홍길동전》

에서도 한국을 대표하는 고전 소설로 자리를 잡아가고 있다. 세계적인 출판사 펭귄 북스에서 '펭귄 클래식' 시리즈로 한국의 《홍길동전》을 출간했다.

허균의 진짜 모습은 무엇일까?

허균은 생전에 유학자면서 목에 염주를 걸고 불교 수행을 하는 등 기이한 행동을 했다. 게다가 자신이 옳다고 생각하면 거리낌 없이 행동해서 미움을 사기도 했다. 사상가, 사회개혁가, 문학가 등 '천의 얼굴'을 가진 허균의 생애를 알면 알수록 그의 진짜 모습이 무엇인지 궁금해진다. 명문가에서 태어나 반역죄로 생을 마감한 그의 일생은 그가 쓴 소설처럼 드라마틱했다.

허균은 반역죄로 죽었기 때문에 조선 시대 내내 제대로 조명 받지 못했다. 다행히 허균의 문집 《성소부부고》와 소설 《홍길동전》이 남아 그의 문학 세계를 알 수 있었다. 문집 이름에서 '성소'는 허균의 또

하나의 호이고, '부부고'는 '장독의 덮개로나 쓰일 책', 요즘 말로 하면 '냄비 받침대로나 쓸 책'이라는 뜻이다. 만약 허균이 붙인 제목대로 장독 덮개로 쓰다가 버려졌다면 한국 문학의 세계는 지금보다 훨씬 좁아졌을 것이다.

허균의 문집, 《성소부부고》

책을 사랑한 허균과 공공도서관

　글을 잘 쓰려면 책을 많이 읽어야 한다. 허균의 책사랑은 남달랐다. 허균이 조선을 대표하는 문장가가 된 것은 문인 가문의 아들이라는 배경이나 훌륭한 스승 때문만은 아니었다. 그는 타고난 독서광이었다. 독서의 양뿐 아니라 그 질과 깊이도 엄청났다. 허균이 가장 가까이하고자 한 것은 부나 명예가 아닌 책이었다.

　허균은 기본적으로 유학 도서를 많이 읽었다. 하지만 유학의 가르침에 어긋나는 책에도 거리낌없이 손을 댔다. 책을 사랑하는 마음과 왕성한 호기심이 있어서 가능한 일이었다. 덕분에 그의 사유는 성리학의 경계를 뛰어넘어 끊임없이 뻗어나갔다.

　허균은 1614년과 1615년 두 차례에 걸쳐 명나라를 다녀왔다. 명나라에 방문할 때마다 수많은 책을 사서 귀국하였다. 그는 자신의 책을 혼자 보지 않고 다른 사람과 함께 읽으려고 했다. 허균은 지식을 혼자 가지고 있으면 안 된다고 생각했다. 당시 책은 구하기 어려웠고 가격도 비쌌다. 그래서 책을 다른 사람과 나눈다는 그의 생각은 시대를 앞서나가는 것이었다. 그는 다

강릉에 남아 있는 호서장서각 터

른 사람이 자신의 책을 읽을 수 있도록 일종의 공공도서관을 만들었다. 자신의 외가가 있던 강릉 경포호 서쪽에 '호서장서각'이라는 건물을 지어 책을 채워두고 다른 사람이 읽을 수 있게 해두었다. 호서장서각에는 무려 1만여 권의 책이 있었다고 전해진다.

김만중

金萬重, 1637~1692

소설의 새로운 세계를 연 작가

소설의 시대였던 17세기 조선

　우리나라에서는 김시습이 《금오신화》로 소설의 영역을 개척했다. 이후 임제의 《서옥설》 등의 한문 소설이 창작되었다. 허균이 처음으로 한글 소설 《홍길동전》을 쓰자 이어서 한글 소설 《임진록》 등이 창작되기도 했다.

조선의 성 안을 그린 풍속도 〈태평성시도〉에 그려진 세책방의 모습(국립중앙박물관)

　17세기 조선에 소설이 널리 퍼진 이유는 《삼국지연의》, 《수호지》, 《서유기》 등 중국 소설이 들어왔기 때문이다. 또 임진왜란, 병자호란 두 차례의 전쟁을 치르면서 사람들의 역사, 지리, 경제 등에 대한 지식이 늘어나고 민족의식이 높아진 것도 영향을 미쳤다. 소설은 복잡한 사회 현실을 담기 좋은 문학 장르였다. 그야말로 '소설의 시대'가 열린 것이다

특히 이 시기에는 국문 소설이 떠오르기 시작했다. 한글 사용이 늘면서 국문으로 된 작품을 읽는 독자층이 생겼기 때문이다. 책을 만드는 기술과 세책업◆의 발달도 영향을 줬다. 여러 조건 속에서 소설은 대표적인 서사 문학으로 자리를 잡았다. 조선 역사상 작품성과 대중성을 두루 갖춘 위대한 소설을 쓴 작가가 이 시기에 활동했다. 바로 김만중이다.

태어나기도 전에 아버지를 잃다

1636년 12월 9일, 10만 명에 달하는 청나라 군대가 압록강을 건너 조선에 쳐들어왔다. 청나라 군대는 한양 근처까지 밀고 들어왔다. 인조 임금은 강화도로 피난을 떠나려고 했으나 이미 길이 막힌 상태였다. 어쩔 수 없이 인조는 남한산성으로 도망쳤다.

해가 바뀌고 남한산성이 청나라 군대에 포위되었다. 같은 시각 함락을 눈앞에 두고 있던 강화도에서는 의로운 죽음이 이어졌다. 가족과 함께 강화도로 피신을 갔던 김익겸은 청나라 군대에 끝까지 맞서 싸우다가 죽음을 맞이했다. 그때 김익겸의 나이 23세, 그의 부인은 둘째 아이를 임신 중이었다. 남편을 잃은 부인 윤씨는 피난길에 아이

◆ 돈을 받고 책을 빌려주는 일.

를 낳았다. 1637년 2월 전쟁 중에 유복자◆로 태어난 이 아이가 김만중이다.

태어나기 전부터 아버지를 잃고 홀어머니 밑에서 자랐지만, 김만중은 큰 부족함 없이 수준 높은 교육을 받았다. 윤씨 부인이 직접 글을 가르치고 명주 베를 잘라서 책을 사 주거나 관원이 된 지인들에게 책을 빌려 베껴서 자식들에게 주었다. 이러한 가르침 덕분에 김만중은 과거 시험에 급제했다. 윤씨 부인의 소원은 자식이 뛰어난 문장가가 되는 것이었다. 김만중이 문장가로 역사에 이름을 드날리게 된 데는 어머니의 영향이 컸다.

권력 다툼 속에서 피어난 소설

김만중은 고위직에 올랐지만 정치 생활이 평안하지 않았다. 숙종 임금 대의 조정은 파벌로 갈라져 치열하게 권력을 다투었다. 특히 인현왕후를 지지하는 세력인 서인과 희빈 장씨를 옹호하는 세력인 남인 간에 다툼이 치열했다. 서인이었던 김만중은 반대 세력을 계속 공격했다. 숙종 대에는 정치의 중심 세력이었던 당파가 한 순간에 정권을 빼앗기는 '환국'이 반복되었다. 김만중도 유배와 복직을 거듭했다.

◆   태어나기 전에 아버지가 돌아가신 자식을 뜻한다.

김만중의 대표작《구운몽》,《사씨남정기》,《정경부인 윤씨행장》등은 모두 유배지에서 태어났다. 김만중은 선천으로 유배 갔을 때는《구운몽》을 썼고, 남해로 유배를 갔을 때는《사씨남정기》를 완성했다. 남해 유배 중 어머니가 돌아가시자 그는 유배지에서 어머니의 삶을 담은《정경부인 윤씨행장》도 썼다.

유배지에서 우리 문학사에 길이 남을 작품을 쓴 김만중을 보면 정철이 관직을 그만두고 내려간 담양에서 아름다운 가사를 썼던 일이 떠오른다. 상처 입은 조개가 진주를 만들 듯, 시련과 고난의 시기에 주옥같은 문학이 탄생한 것이다.

어머니를 위로하기 위해 쓴《구운몽》

김만중이 남긴 소설은《구운몽》과《사씨남정기》두 편뿐이다. 하지만 그는 이 두 작품만으로 한국 문학사에 큰 의미를 남겼다. 모두 한글로 쓴 장편 소설일 뿐 아니라 당시 사회 모습과 시대적 요구를 보여주기 때문이다. 물론 앞서 나왔던 소설《홍길동전》,《운영전》,《전우치전》,《박씨부인전》역시 시대 상황을 담고 있다. 그러나 삶의 진실을 보여주는 문학의 주제의식이 비교적 약하다.

김만중의 삶을 기록한《서포연보》를 보면 김만중이 어떻게《구운몽》을 쓰게 되었는지 알 수 있다.

부군(김만중)이 귀양지에 이르러 어머니 윤씨 부인의 생신을 맞이
했다. 이 때 글을 지어 윤씨 부인의 소일거리로 삼게 하였는데, 그
글의 요지는 '일체의 부귀영화가 다 헛된 꿈이다'라는 것이었으니,
이 또한 부군이 슬픔을 달래기 위한 것이었다.

— 김양택,《서포연보》중에서

《구운몽》은 평안도로 유배 갔던 김만중이 고향에 계신 어머니를 위
로하기 위해 쓴 소설이다. 부처의 가르침을 따르던 주인공 성진이 규

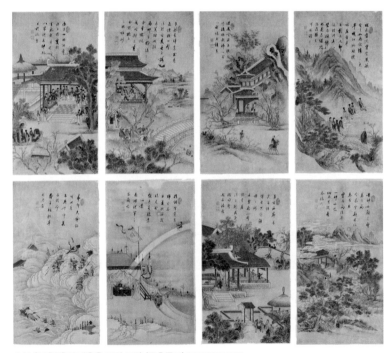

소설《구운몽》의 내용을 그린 그림 〈구운몽도〉(국립중앙박물관)

범을 어긴 벌로 인간 세상에 양소유로 태어
나 온갖 부귀영화를 누리는데 깨어보니 꿈
이었다는 이야기이다.

   소설은 〈김현감호〉와 같은 여러 불교 설
화에서 모티브를 따왔다. 이 소설의 주제는
삶이란 한바탕 꿈일 뿐이니 영원한 행복은
불교 수행을 통해 찾아야 한다는 것이다.
그러나 그가 쓴 소설에 불교적인 내용만 있

김현감호 설화

'김현'이라는 인물이 호랑이를 감
동시켰다는 설화이다. 김현이라
는 청년이 여성으로 변한 호랑이
와 사랑하게 되었다. 나라에서 호
랑이를 잡아들이라고 하자 호랑
이가 김현을 위해 스스로 목숨을
내놓는다.

는 것은 아니다. 양소유가 나라에 공을 세우는 유교적 내용도 담겨있
으며, 또 이 모든 것이 꿈이었다는 결말을 통해 인간의 욕망은 허무
하다는 도교의 철학도 녹아 있다. 또한 김만중은 타락한 양반을 비판

《구운몽》이 낳은 몽자류 소설

몽자류 소설이란 소설 제목의 끝 글자에 '꿈 몽夢'자가 들어간 소설을 의미
한다. 몽자류 소설은 몽유록계 소설과 비교되고는 한다. 두 소설 모두 등
장인물이 꾸는 꿈을 소재로 한다. 몽유록계 소설은 주인공이 꿈속 세계에
서 현실 세계의 문제를 빗대어 이야기한다. 이때 주인공은 꿈속 세계와 현
실에서 모두 같은 인물이다. 하지만 몽자류 소설의 주인공은 꿈속에서 전
혀 다른 인물이 되어 겪은 경험에서 깨달음을 얻는다. 주로 원래 천상계의
인물이었던 주인공이 벌을 받아 다른 인물이 되어 살아가는 내용이다.

하고 양소유가 유교적 구속에서 벗어나 자유롭게 살아가려는 모습을 통해 자아 해방 의지도 드러냈다.

《구운몽》은 조선 후기 내내 양반부터 서민까지 다양한 독자에게 읽혔다. 《구운몽》은 스케일이 크면서도 세부 묘사까지 뛰어난 소설이다. 《구운몽》은 《옥련몽》, 《옥루몽》 등 이른바 '몽자류' 소설이 나오게 된 밑바탕이 되었다.

정치 현실을 풍자한 가정 소설 《사씨남정기》

같은 작가의 장편 소설이지만 《사씨남정기》는 《구운몽》과 사뭇 다른 작품이다. 《구운몽》이 불교 설화에 바탕을 두고 있다면 《사씨남정기》는 인현왕후와 희빈 장씨의 갈등이 창작 배경이다. 《구운몽》이 개인의 해방을 그려냈다면, 《사씨남정기》는 양반 귀족 사회의 모순과 부패상을 폭로하는 쪽에 초점을 맞췄다.

《사씨남정기謝氏南征記》 제목을 풀어보면 주인공 사씨가 남방으로 내려가 떠돌아다닌다는 뜻이다. 귀족인 유연수는 부인 사씨 사이에 자녀가 생기지 않자 교채란을 첩으로 들여 아

《사씨남정기》 한글 목판본(한국민족문화대백과사전)

들을 낳았다. 교채란은 사씨를 모함해서 내쫓고 정식 부인이 된다. 부인이 된 뒤 교채란은 유연수까지 쫓아내려다가 계획을 들키고 만다. 유연수는 자신의 어리석음을 뉘우치고 다시 사씨를 데려와 행복하게 산다.

소설은 한 가정 내 두 여인의 갈등을 그려내고 있다. 당시의 궁중 상황에 대입하면 유연수는 숙종 임금이고, 사씨는 인현왕후, 교채란은 희빈 장씨에 해당한다. 그래서 《사씨남정기》는 가정 소설이지만 궁중 소설이나 정치 소설로도 읽힌다. 실제 이 소설은 민간뿐 아니라 궁중에서도 널리 읽혔다. 작품의 영향인지, 숙종은 결국 희빈 장씨를 내치고 인현왕후를 복위시킨다.

소설의 본질을 파악한 작가

김만중은 중앙 정치에서 활동했을 때에도 끊임없이 문학에 대해 고민하면서 자신의 생각을 글로 풀어냈다. 그리고 자신의 호를 따 지은 수필집 《서포만필西浦漫筆》을 냈다. 《서포만필》은 '서포 김만중이 붓 가는 대로 쓴 수필'이라는 뜻이다. 이 책에는 소설의 기능에 관한 내용이 있다.

송나라 문장가 소식이 《동파지림》에서 말했다.

"말을 안 듣고 버르장머리가 없는 아이가 있어 집안에 골칫거리가 됐을 때에는 돈을 주어 모이게 한 뒤 옛날이야기를 듣게 한다. 삼국 시대의 일을 이야기할 때 유현덕이 패하였다는 말을 들으면 눈물을 흘리고, 조조가 패하였다고 하면 통쾌하여 기뻐 날뛴다."

이것이 나관중의 《삼국지연의》의 시작이 아닐까. 이제는 진수의 《삼국지》나 사마광의 《자치통감》 같은 것으로는 울 사람이 없을 것이다. 이것이 통속 소설을 짓는 까닭이다.

— 김만중, 《서포만필》 중에서

김만중은 나관중의 소설 《삼국지연의》가 역사책 《삼국지》보다 독자를 웃고 울린다고 이야기한다. 당시 사람들은 소설을 아무 의미 없는 음란한 이야기(패관문학)라고 생각했다. 그러나 김만중은 소설이 주는 감동과 즐거움 같은 예술적 기능을 정확하게 알고 있었다.

김만중이 선보인 소설의 형식과 우리말 문체는 국문 소설을 크게 발전시켰다. 김만중은 누구보다도 소설이라는 장르를 잘 이해한 작가였다.

한 걸음 더

김만중의 우리말 사랑

김만중의 수필집《서포만필》에는 문학, 역사, 사회, 문화, 정치 등의 이야기가 다양하게 실려 있다.《서포만필》에서 눈에 띄는 것은 우리말과 우리 문학에 관한 김만중의 생각이다.

사람의 마음이 입으로 표현된 것이 말이요, 말의 운율에 있는 것이 시이고 노래이다. 세상의 말이 비록 같지는 않더라도 각각 그 말에 따라 운율을 맞춘다면, 모두 천지를 감동시키고 귀신과 통할 수 있다. 한문에만 해당하는 것은 아닐 테다. 오늘날 우리나라의 문장은 자기 말을 버려 두고 다른 나라 말을 배워서 표현한 것이니, 설사 아주 흡사해 보이지만 이는 앵무새가 사람의 말을 흉내 내는 것과 같다. 그래서 시골의 나무꾼이나 물 긷는 아낙네들이 "에야디야." 하며 서로 부르는 노래가 비록 저속하다 하여도 참과 거짓을 따진

다면, 소위 학자나 관료들의 시가나 산문 따위와는 함께 이야기할

수 없다.

— 김만중, 《서포만필》 중에서

김만중은 우리 이야기를 한문으로 표현하는 것은 앵무새가 사람 흉내 내는 것과 같다고 했다. 다른 나라의 문자로는 우리의 정서와 생각을 제대로 표현할 수 없다는 것이다. 김만중은 한문학만 고집하는 양반 사대부를 비판하고, 우리말에 대한 깊은 애정을 표현했다. 이러한 생각을 가졌기에 그는 우리말로 지은 정철의 가사를 높이 평가하여 다음과 같이 말했다.

이 세 편의 가사(관동별곡, 사미인곡, 속미인곡)는 천지조화의 미묘한 것이 스스로 발현되고 이른바 비속한 것이라고는 조금도 없다. 예부터 지금까지 조선의 참된 문장은 오직 이 세 편뿐이다.

— 김만중, 《서포만필》 중에서

이처럼 김만중은 한글을 무시했던 당시 양반과 달리 우리말 사랑이 남달랐다. 김만중은 우리말을 써야 진정한 문학이라고 생각했다. 그는 우리 문학의 주체성을 공개적으로 주장한 작가였다.

박지원

朴趾源, 1737~1805

개성과 실력으로 무장한 세계적인 문호

조선 후기 실학의 등장과 문학

조선 후기가 되면 성리학으로 해결하기 어려운 사회적 문제가 생겼다. 가장 큰 변화는 양반 중심의 신분제 사회가 흔들리기 시작했다는 것이다. 인재를 뽑아야 하는 과거 시험은 부패해서 사람들은 실력을 쌓는 대신 돈으로 관직을 샀다. 지배 계층은 권력에만 관심이 있었고 백성들이 어떻게 사는지는 관심 없었다. 깨어있는 선비들은 실제 삶에 도움이 되는 학문이 필요하다고 느꼈다. 이 학문이 바로 실학이다.

문학 역시 유교적 가치를 다루는 한문학을 이어가자는 학자와 새로운 문학을 주장하는 학자로 나뉘었다. 새로운 문학을 주장하는 작가들은 조선 사회를 더 나아지게 할 개혁안을 문학으로 담아냈다. 임금에 대한 충성심 같은 유교적 가치보다 실제 삶에서 백성들이 겪는 고통에 더 집중해 지배 계급을 비판하는 작품을 썼다. 이런 변화 속에 우리 문학을 세계적인 수준으로 끌어올린 박지원이 나타났다.

조선의 현실을 비판한 백수 청년

박지원은 1737년 서울 서소문 성곽 밖에서 태어났다. 박지원이 태어난 반남 박씨 가문은 한양의 손꼽히는 명문 가문이었다.

박지원은 열다섯에 이보천이라는 선비의 딸과 결혼했다. 이보천은 유명한 학자였지만 벼슬하지 않고 농사만 짓는 사람이었다. 박지원은 장인 이보천과 그의 동생, 즉 처삼촌 이양천에게 글을 배웠다.

박지원의 초상

한번은 이양천이 《사기》 가운데 〈신릉군전〉을 읽는 법을 가르쳐 주었는데, 박지원이 그 자리에서 수백 단어나 되는 글 한 편을 지어 놀라게 했다는 일화가 전해온다. 뛰어난 재주와 능력이 있었던 박지원은 스무 살 무렵 문단에 이름이 나기 시작했다.

박지원은 과거 시험 1차에 합격하고도 2차 시험장에서 답안을 내지 않고 나왔다. 이 이야기를 들은 이보천은 몹시 기뻐했다고 한다. 사위가 혼란스러운 정치판에 나가기보다는 학문에 전념하기를 바랐던 것이다. 박지원은 장인의 영향을 받아 권력과 타협하지 않는 자세를 지켜나갔다.

만약 박지원이 순순히 과거 시험을 보았다면, 높은 벼슬에 올랐을 것이다. 그러나 그는 현실의 부당함을 지나치지 않고 양반의 정치, 사회를 비판적인 눈으로 바라보기 시작했다. 그리고 자신의 생각을 소설과 산문으로 기록했다. 박지원은 비록 돈벌이를 못하는 백수였지만 날카로운 눈으로 사회를 비판하는 작가였다.

사회를 풍자한 단편 소설

박지원은 1754년 17살 되던 해에 〈광문자전〉이라는 단편 소설을 썼다. 이 작품은 한양 거리에서 구걸하던 거지 광문과 그 친구 거지들의 이야기이다. 박지원은 광문과 어린 거지들이 비록 굶주리고 헐벗었지만, 서로 사랑하며 인정을 베풀고 있다고 강조했다.

〈광문자전〉을 쓰고 난 뒤에도 그는 〈마장전〉, 〈예덕선생전〉, 〈민옹전〉, 〈양반전〉, 〈김신선전〉, 〈우상전〉, 〈역학대도전〉, 〈봉산학자전〉 등 짧은 소설을 잇달아 지었다. 이 가운데 〈역학대도전〉과 〈봉산학자전〉을 제외한 일곱 편은 모두 그의 단편 소설집 《방경각외전》에 실려 있다.

〈광문전〉, 〈우상전〉, 〈민옹전〉, 〈김신선전〉은 당대에 실존했던 인물의 생애를 엮은 전 양식에서 크게 벗어나지 않았다. 박지원은 떠돌이 거지, 배우지 못한 농부, 불우한 역관 등 하층민을 소설의 주인공으로 삼았다. 부패한 양반과 다르게 하층민은 성실하고 도덕적으로 살아

간다고 칭찬하였다.

박지원 이전에도 신분제 사회의 모순을 드러내고 양반을 비판하는 소설들이 있었다. 그러나 이 작품들은 종종 사회 모순의 원인을 인물의 성격이나 도덕성에서 찾고는 했다. 그러나 박지원의 소설들은 개인의 성격이나 도덕성은 사회적 환경이 만든다고 분명하게 밝혔다. 박지원은 이전에 소설을 창작했던 문인들보다 사회 문제의식에서 한 발짝 더 나아갔다.

박지원이 40대 이후에 쓴 〈호질〉, 〈허생전〉, 〈열녀함양박씨전〉에서는 사회 구조에 대한 문제의식이 더욱 도드라진다. 〈호질〉에서는 호랑이를 내세워 유생◆들의 위선적인 생활을 폭로하고, 〈허생전〉에서는 허생이라는 선비를 통해 지배 계급의 무능함을 풍자했다. 〈열녀함양박씨전〉은 경상도 안의현에서 한 여인이 정절을 지키기 위해 죽은 사건을 듣고 쓴 작품이다. 당시 사대부 가문의 여인들의 지나친 수절◆◆ 풍습을 비판한 글이다.

한국 최고의 문학 작품 《열하일기》

박지원은 1780년 팔촌 형 박명원이 청나라 사절단장으로 갈 때 수

◆　유학을 공부하는 선비.
◆◆　남편이 죽으면 재혼하지 않고 평생 혼자 사는 일.

박지원의 《열하일기》(한국민족문화대
백과사전)

행원으로 따라갔다. 조선을 개혁하기 위해 공부
했던 그는 중국의 문물제도를 직접 확인하고 싶
었다.

《열하일기》는 박지원이 약 5개월 동안 중국에
서 겪은 일을 시간 순서와 주제에 따라 기록한
기행문이다. 박지원은 《열하일기》에서 역사, 지
리, 인물 등 거의 모든 주제를 다뤘다. 《열하일
기》는 단순한 여행기가 아니라 18세기 중국과
동아시아에 관한 인문학 종합 보고서이다. 또한
일기, 논설, 시, 소설 등 다양한 글쓰기를 실험한
책이기도 하다. 조선의 지배 계층을 풍자한 〈허생전〉과 〈호질〉도 《열
하일기》에 실려 있다.

《열하일기》는 혁신적인 사상과 신선한 문제의식으로 조선 사회를
흔들어 놓았다. 개혁을 주장하는 사람들은 이 책을 환영했지만 그렇
지 않은 사람들은 책을 없애버려야 한다고 목소리를 높였다. 《열하일
기》의 인기는 하늘을 찔렀고 그 유명세가 궁궐까지 전해졌다. 정조는
《열하일기》를 읽고 문체가 바르지 않다며 박지원에게 반성문을 써오
라고 명령했다. 《열하일기》는 박지원이 죽고 100년이 지나도록 빛을
보지 못하다가 20세기에 들어서야 다시 주목받았다.

박지원의 문집 《연암집》과 기행문 《열하일기》는 오늘날 우리의 눈
으로 보아도 시대를 앞선 생각들이 가득하다. 만약 박지원의 문제의

식과 개혁안이 조선 사회에 적용되었다면 조선의 운명은 많이 달라졌을 것이다.

삶의 빛깔을 담은 산문들

박지원은 50세에 처음 관직을 가졌다. 이 시기에 박지원은 자연으로부터 영감을 받아 뛰어난 산문들을 썼다. 박지원이 친척 박남수에게 보낸 편지에는 자연에 묻혀 살아가는 그의 일상이 잘 드러난다.

> 어저께 비에 살구꽃이 비록 시들어 떨어졌지만 복사꽃은 한창 어여쁘니, 나는 또 모르겠네. 저 위대한 조물주가 복사꽃을 편들고 살구꽃을 억누른 것 또한 저 꽃들에게 사정이 있어서 그런 것인가? 문득 보니 발 곁에서 제비가 지저귀는데, 이른바 '회여지지 지지위지지 誨汝知之 知之爲知之'라 하는 것 아닌가. 나도 모르게 웃음을 터뜨리며 "네가 글 읽기를 좋아하는구나. 그러나 '바둑이나 장기도 있지 않느냐? 그나마 하지 않는 것보다 낫겠지.'라 하였느니."라고 했네.
> ― 박지원, '친척 박남수에게 보내는 편지' 중에서

이처럼 박지원의 산문은 삶의 한 순간을 생생하게 묘사한다. 박지원의 누이가 죽은 후에 쓴 〈백자증정부인박씨묘지명〉에서도 이런 묘

사가 나타난다.

> 강가에 말을 멈추어 세우고 멀리 바라보니 붉은 명정이 휘날리고 돛 그림자가 너울거리다가, 기슭을 돌아가고 나무에 가리게 되자 다시는 보이지 않는데, 강가의 먼 산들은 검푸르러 쪽 찐 머리 같고, 강물 빛은 거울 같고, 새벽달은 고운 눈썹 같았다.
> — 박지원, 〈백자증정부인박씨묘지명〉 중에서

누이를 실은 상여가 떠나간 풍경을 누이의 얼굴과 대비해 묘사하고 있다. 어두운 밤에 본 산의 능선을 누이의 쪽 찐 머리에 비유하고 초승달을 눈썹에 빗대어 표현했다. 아름다운 묘사와 작품 속 상황이 대비되어 슬픔이 강렬하게 다가온다. 자연을 깊이 관찰한 사람이 아니라면 쓸 수 없는 문장이다.

조선의 문호 박지원

'문호'는 문장에 뛰어나며 오래도록 사랑 받는 작품을 쓴 작가를 가리키는 말이다. 유명한 작가라고 모두 문호라고 불리지 않는다. 시간과 공간을 초월하여 예술적 가치와 감동을 전한 작가만 받을 수 있는 칭호이다. 영국의 셰익스피어, 스페인의 세르반테스, 독일의 괴테, 러

시아의 도스토옙스키를 문호
라고 부를 수 있다. 우리나라
에 문호라고 할 수 있는 작가
가 있다면 누구일까? 오늘날
학자들은 우리나라의 문호로
박지원을 꼽는다. 100여 년 전
처음으로 《연암집》을 간행한
한말(대한제국 시기)의 문인 김

《연암집》(박영철 편집본, 1932년)

택영은 박지원을 "조선 시대 최고의 산문 작가."라고 평했다. 오늘날
연구자들은 《연암집》과 《열하일기》를 한국 문학사에 등장한 최고의
작품이라고 입을 모아 말한다.

박지원의 글쓰기

박지원은 참신한 문장과 새로운 글쓰기 방법으로 문단의 시선을 집중시켰다. 박지원의 문체는 그의 호 '연암'을 따서 '연암체'라고 이름을 붙일 만큼 독창적이고 뛰어났다. 그의 독창성은 어디에서 왔을까?

18세기 후반에는 옛글을 많이 가져올수록 좋은 글이라고 보았다. 이렇게 옛것을 모방해 글을 쓰는 '의고주의' 사상에 반대하는 사람이 등장했다. 두 입장이 팽팽하게 부딪히던 때에 박지원은 "옛것을 본받으면서도 변통할 줄 알고, 새롭게 지어내면서도 법도에 맞아야 한다."라는 '법고창신' 정신을 가져왔다. 그는 제자 박제가에게 써준 《초정집》 서문에서 이렇게 말했다.

옛것을 본받고자 하는 사람은 그것에 빠져버리는 폐단이 있다. 새

것을 만드는 사람은 규범이 없는 게 탈이다. 옛것을 본받으면서도 그 변화를 알아야 하고, 새것을 만들면서도 규범이 있다면 지금의 글도 오히려 옛것 못지않을 것이다.

— 박지원,《초정집》서문 중에서

박지원이 가장 경계하고 비판했던 글쓰기 방법은 중국의 훌륭한 문장을 무조건 본받는 것이었다. 그는 이미 있는 글을 베껴 적지 말고 사실을 바탕으로 글을 써야 한다고 강조했다.

그의 글쓰기 원칙은 인간과 자연을 깊숙이 관찰하고 구체적인 현실을 그려내는 것이었다. 그래서 박지원의 글쓰기 소재는 보통사람들이 살아가고, 일하고, 사랑하고, 싸우는 일상이었다. 새와 짐승, 초목 등의 자연현상도 그에게는 좋은 글감이었다. 우리나라의 산천과 기후, 언어와 풍속이 중국과 다르기 때문에 이에 주목하면 참신한 문장과 표현이 나온다고 말했다.

박지원의 산문 중에 "까마귀는 결코 검지 않다."라고 적은 글이 있다. 까마귀를 자세히 관찰하면 빛에 따라 검은 색이 아닌 다양한 빛깔이 있다는 것이다. 이처럼 박지원은 다양한 시각으로 사물을

햇빛 아래에 검은색, 푸른색, 회색 등 다양한 색을 띈 까마귀

보아야 좋은 글이 나온다고 말했다. 남들과 다르게 생각해야 좋은 글을 쓸 수 있다는 것이다. 박지원이 생각한 좋은 작가란 남들이 쓰는 똑같은 재료로 다른 결과를 만드는 사람이다.

신재효

申在孝, 1812~1884

판소리 장르를 개척한 예술인

19세기 새로운 작가로 떠오른 중인

조선은 양반이 지배하는 사회였다. 양반은 중앙의 권력과 경제력을 가지고 있었고 지방 향촌까지 다스렸다. 당연히 조선의 학문, 문학, 문화 예술의 활동도 양반에 의해, 양반을 위해 이루어졌다.

그러나 조선 후기부터 양반 중심 사회에 틈이 생기기 시작했다. 왕실의 외척이 권력을 잡았고, 그들은 나랏일은 뒷전으로 하고 자신들의 이익만 챙겼다. 백성들의 삶은 더욱 힘들어졌고 참지 못한 농민들이 반란을 일으켰다. 19세기에 일어난 홍경래의 난과 진주민란은 양반 사회를 흔들 정도로 위협적이었다.

경제에서도 변화가 일어났다. 수공업이 발달하고 무역이 활발해지면서 상업을 통해 부자가 된 중인 계층이 새롭게 부상했다.

중인이란 양반과 평민 사이에 있는 중간 계층을 말한다. 중인들은 조선 중기까지만 해도 양반 사대부를 보조하는 역할을 했

> **여항 문학**
>
> '여항'은 일반 백성의 집이 모여있는 곳을 말한다. 여항 문학은 여항에서 사는 여항인(중인, 서얼, 평민 등) 문인의 문학을 말한다.

다. 그러나 후기에 들어 새로운 시대를 이끌어가는 계층으로 성장했다. 이들은 직업 활동으로 재산을 일구며 자기들만의 문화를 만들어 갔다. 서울의 인왕산, 남산 아래와 청계천 일대에서 시 모임을 가지며 '여항 문학'을 이룩한 문인들이 이 시기를 대표하는 중인층이다. 전통 예술인 판소리를 정리하고 부흥시킨 신재효도 중인이었다.

부잣집 막내아들, 판소리에 빠지다

신재효는 전라북도 고창에서 태어났다. 신재효는 넉넉한 집안의 하나뿐인 막내아들로 태어나 귀하게 자랐다. 신재효의 생애와 활동에 대해서는 알려진 게 별로 없다. 스스로 자신의 생애를 적은 창작 단가 〈자서가〉나 지역에 전하는 일화 등에서 신재효의 삶을 알 수 있다.

전하는 이야기로는 신재효의 부모는 교육에 꽤 열정적이었다. 처음에 많은 재산을 들여 장성에 있던 필암서원에 신재효를 보냈지만 중인 신분이 밝혀져 중퇴하게 되었다. 신재효는 그 후 장성 백양사에 들어가 생활했는데, 이때 절에서 수련 중이던 고수의 판소리를 듣고 판소리에 눈을 떴다고 한다.

신재효의 초상

판소리 명창을 키워내다

신재효는 전 재산과 전 생애를 판소리에 바쳤다고 해도 과장이 아니다. 신재효는 중인이라는 신분 때문에 과거 시험을 보지 못하고 고창 관청의 관원 밑에서 아전으로 일했다. 그는 마흔 넘어서 일을 그만두고 판소리 연구에 몰두했다. 그가 판소리에 관심을 갖게 된 또 다른 이유는 관청의 연회를 관리하면서 재인, 광대, 기녀 등 소리꾼들을 관리했기 때문이다.

신재효는 넓은 정원이 딸린 '동리정사'를 짓고 소리꾼들을 불러 모았다. 그곳에서 판소리의 대사인 사설을 다듬어주고, 발음을 교정해 주고, 창법을 가르쳤다. 교육 수준이 매우 높아서 전문 교육 기관 못지않았다. 신재효는 소리꾼들의 교육을 위해 유명한 명창을 초대하는 등 지원을 아끼지 않았다.

신재효가 판소리를 가르쳤던 곳 동리정사(한국민족문화대백과사전)

신재효의 판소리 교육은 전국적으로 소문이 났다. 신재효의 판소리 열정은 제자들을 보면 알 수 있다. 신재효에게 배운 소리꾼은 80여 명에 달했다. 여기에는 이날치, 김수영, 박만순, 정창업, 김창환, 김세종, 전해종, 진채 선, 허금파와 같은 판소리 명창도 있었다. 한 스승 밑에서 명창 한 명도 나오기 힘든데 10명 가까운 명창이 탄생한 것이다.

진채선의 모습(1884년 이전 촬영)

신재효는 첫 여성 명창 진채선을 키운 스 승으로도 유명하다. 그때까지만 해도 판소 리는 남성의 영역이었다. 오랫동안 내려오 던 '금녀의 벽'이 깨진 것은 신재효가 소리 꾼의 자질과 능력에 따라 맞춤형 교육을 했 기 때문이다.

진채선은 1867년 경복궁 중건 기념식에 초대를 받았다. 진채선은 궁궐에서 남장 차림으로 경복궁 중건을 축하하는 〈성조가〉와 〈방아 타령〉을 불렀다. 이때 흥선대원군이 진채선의 소리에 반해 진채선을 궁으로 불러들였고 이후 진채선은 고창으로 내려가지 못했다. 신재 효는 진채선을 그리워하며 단가 〈도리화가〉를 지었다.

스물네 번 바람 불어 만화방창 봄이 되니
구경 가세 구경 가세 도리화 구경 가세.
복사꽃은 붉디 붉고 오얏꽃은 희고 흰데
…
꽃 가운데 꽃이 피니 그 꽃이 무슨 꽃인가.

웃음 웃고 말을 하니 수정궁에 해어화인가.

해어화 거동 보소 아름답고 고울시고

구름 같은 머리털은 타마계 아닐는가.

— 신재효, 〈도리화가〉 중에서

〈도리화가〉는 진채선에 대한 그리움과 자신의 외로운 처지를 봄 경치에 비유한 노래이다. 첫 구절에 스물네 번 바람이 불었다는 말은 이때 진채선의 나이가 스물네 살임을 의미한다. 이 작품은 사제 간의 정을 담아낸 신재효의 역작으로 평가받고 있다.

판소리 이론을 정리하다

신재효는 판소리 이론가이기도 했다. 신재효가 살았던 19세기에는 서민층에서 시작된 판소리가 크게 유행해 중인층과 양반층까지 번지고 있었다. 이때까지만 해도 판소리는 민간의 떠들썩한 광대놀이라는 인식이 컸다. 그러나 신재효의 정리 작업으로 판소리 공연의 형태가 정교해지면서 양반까지 즐기는 고급 예술이 되었다. 흥선대원군이 경복궁 중건식에 진채선을 불러 공연하게 한 것도 판소리의 예술성을 인정받았기 때문이다.

우리나라 전통 예술 판소리가 언제, 어디에서 생겨났는지는 정확히 밝혀지지 않았다. 학자들은 무당의 굿이나 전통놀이에서 나왔다고 추측한다. 판소리가 시작된 시기는 조선 시대 중기 이후로 보고 있다.

판소리란 '판을 벌이고 부르는 소리'라는 뜻이다. 특별한 배경이나 무대가 필요 없이 마당에서 광대(소리꾼)가 나와 고수(북잡이)의 북소리에 맞추어 노래(창)를 부르고 몸짓인 발림(너름새)과 대사인 사설(아니리)를 곁들여 극적인 효과를 낸다. 노래, 무용, 대사가 들어가는 종합 예술이라는 점에서 서양의 오페라와 비슷하지만, 여러 사람이 등장하는 오케스트라와 달리 소리꾼과 고수 두 명이 극 전체를 끌고 간다.

신재효가 활동한 시기에 판소리계 소설이 창작되었다. 판소리가 있기 전에 쓰인 《심청전》을 제외하고 〈춘향가〉가 《춘향전》으로, 〈흥부가〉가 《흥부전》으로, 〈수궁가〉가 《별주부전》으로 〈변강쇠가〉가 《변강쇠전》으로 다시 태어났다. 물론 판소리 사설과 판소리계 소설은 내용이 조금씩 다르다.

판소리계 소설을 읽은 독자가 판소리에 관심을 갖는 등 두 장르는 서로의 시장을 확장시켰다. 판소리가 오늘날까지 생명력을 유지할 수 있었던 것은 판소리계 소설의 독자 덕분이다.

신재효는 단가 〈광대가〉를 지어 소리꾼이 갖추어야 할 네 가지 조건으로 '인물', '사설', '득음', '너름새'를 이야기했다. 여기에서 인물은 소리꾼 얼굴의 생김새를, 사설은 판소리 내용과 그 표현을, 득음은 소리의 명확성과 가창력을, 그리고 너름새는 소리꾼의 연기 능력을 말한다. 흔히 판소리를 구성하는 3요소로 소리꾼, 고수, 청중을 꼽는데 신재효는 그중에서도 소리꾼의 역할을 중요하게 생각했다. 신재효는 '들려주는 판소리'에서 '보여주는 판소리'로 판소리의 영역을 넓혔다.

판소리 여섯 마당과 창작 단가

19세기 명창 송만재가 쓴 한시 〈관우희〉에 따르면 당시 판소리는 12종류가 있었다. 신재효는 이 가운데 〈춘향가〉, 〈심청가〉, 〈흥부가〉, 〈수궁가〉, 〈적벽가〉, 〈변강쇠가〉 여섯 편의 사설을 고쳐 정리했다. 이 작품들을 판소리를 세는 단위인 '마당'을 붙여 '판소리 여섯 마당'이라고 한다. 이 가운데 〈변강쇠가〉는 사라졌고, 지금은 다섯 마당만 전해온다. 신재효가 고른 여섯 마당을 제외한 〈배비장타령〉, 〈장끼타령〉, 〈왈자타령〉, 〈매화타령〉, 〈신선타령〉, 〈숙영낭자전〉은 더 이상 내용이 남아있지 않다.

신재효는 판소리를 고치는 과정에서 양반들의 요구를 받아들이기도 했다. 당시 양반들 사이에서는 판소리가 지나치게 통속적이고 저급하다는 우려가 적지 않았다. 〈교방가요〉를 편찬한 정현석이 신재효에게 보낸 편지가 그러한 사실을 보여준다.

세속에서 불리고 있는 판소리를 두루 들어보니 줄거리 가운데 이치에 닿지 않는 것이 많다. … 이런 폐단을 없애려면 먼저 가사에서 속되고 이치에 어긋난 것을 제거하고 문자로 윤색하여 한 편의 줄거리가 잘 이어지고 언어가 고상하고 바르게 되도록 해야 한다. 그런 뒤에 소리꾼 가운데 용모가 단정하고 목소리가 크고 맑은 자를 골라, 글을 많이 가르쳐 평성과 상성, 청음과 탁음을 분명하게 깨닫게 한 뒤에 가사를 가르쳐 자기의 말처럼 외우게 해야 한다.

— 정현석, '동리 신재효에게 주는 편지' 중에서

신재효는 본격적인 판소리 공연에 들어가기에 앞서 목을 풀어주는 짧은 노래 '단가'들을 창작했다. 신재효 이전에도 〈추풍감별곡〉, 〈어부사〉와 같은 여러 단가들도 있었다. 그는 이 단가들을 부르기 좋게 고쳤고 새로운 단가들을 작사, 작곡하였다. 신재효는 판소리에 필요해서 단가를 창작했으나 여기에는 가사 문학의 전통을 이어받고자 하는 의지도 담겨 있었다.

지금까지 알려진 신재효의 창작 단가는 앞서 소개한 〈도리화가〉 이외에도 10여 편에 달한다. 그의 단가는 역사적인 사건과 인물 등을 담고 있어 당시의 시대 상황과 문화를 알 수 있다. 〈호남가〉는 전라도 지역의 지명으로 엮은 노래라서 당시 행정 구역이 나와있다. 또 경복궁 중건을 기념하는 〈성조가〉와 병인양요 때 외적을 물리친 장군을 찬양한 〈괘씸한 서양되놈〉을 통해 시대적 상황을 알 수 있다.

세상과 호흡했던 예술인 신재효

　신재효는 이전까지 난잡하게 불렀던 판소리를 고급 예술로 만들었다. 그러나 일각에서는 신재효가 판소리가 지니고 있던 민중들의 발랄한 생명력, 권력에 대한 저항의식을 지워버렸다고 비판하기도 한다. 여기에서 양반 사대부 문화를 동경했던 신재효의 신분적 한계를 엿볼 수 있다. 하지만 신재효 덕분에 판소리는 사라지지 않고 많은 사람에게 사랑을 받게 되었다.

　신재효는 평생을 판소리 교육, 진흥에 힘썼다. 이는 뜻이 있고 재산이 많다고 해서 할 수 있는 일이 아니다. 예술적 감각이 뛰어나야 할 수 있다. 조선 후기에 판소리를 새로운 예술로 끌어올린 신재효는 흥겹게 살고자 했던 예술인이었다.

신재효의 기부 활동

중인이었던 신재효는 신분 때문에 과거 시험을 준비할 수 없었다. 결국 신재효는 관아의 아전으로 들어가 돈을 열심히 벌었다. 신재효 집안의 재산은 그의 아버지 때보다 두 배 이상으로 늘었다고 한다. 그러나 그는 돈을 잘 버는 만큼 잘 쓸 줄 아는 사람이었다.

1876년 병자년 때 대흉년이 들자 신재효는 친척, 친구, 이웃 등 굶주린 사람들에게 아낌없이 베풀었다. 그는 어려운 사람에게 조건 없이 베풀면 받는 사람들의 자립심이 사라진다고 생각했고, 도와주는 자신도 너무 뽐내는 것처럼 보인다면서 헌 옷, 걸레 등 어떤 물건이라도 가져오면 그것과 식량을 교환하는 방식으로 도왔다.

한번은 신재효의 집에 도둑이 들어온 적이 있었다. 그는 부드러운 말로 도둑을 타이르면서 백 냥을 주어 내보냈다. 이 도둑은 크게 깨우치고 돈을 돌려주며 사과했다고 한다. 이처럼 신재효는 상대방을 배려하는 높은 인격까지 갖추고 있었다.

　신재효는 개인 구휼뿐 아니라 나라에 어려운 일이 생기면 적극적으로 기부했다. 그는 자신이 근무하는 관아는 물론 고창 읍성을 고치는 데도 돈을 냈다. 특히 경복궁을 다시 지을 때 기부금 오백 냥을 내어 조정으로부터 통정대부라는 품계◆를 받기도 했다.

◆　관직의 등급을 뜻한다.

황현

黃玹, 1855~1910

시대를 기록한 조선의 마지막 문인

변두리의 시인이자 문장가

황현은 몸이 작고 약하게 태어났지만 어려서부터 총명했다. 책 읽는 속도가 굉장히 빨랐고, 어린 나이에 벌써 한시를 지을 줄 알았다. 황현의 집안은 교육열이 높았다. 황현의 할아버지는 장사로 번 엄청난 재산을 손자들의 교육에 쏟아 부었다. 황현은 그 덕분에 천 권이 넘는 책을 갖춘 집에서 마음껏 공부할 수 있었다.

황현의 초상

어린 시절 황현은 특별한 스승 왕석보를 만난다. 왕석보는 젊은 날 과거를 보러 갔다가 부패한 현실을 깨닫고 시험을 포기한 채 시골 훈장으로 살았다. 그는 뛰어난 시인이자 나랏일을 걱정하는 우국지사였다. 이러한 스승 아래에서 황현은 문학적 재능을 키워나갔다.

황현은 과거 시험을 보기 위해 십여 차

례 서울로 올라갔다. 그때마다 황현은 쟁쟁한 문인을 만나 세상을 배웠다. 그때 만났던 김택영과 이건창은 평생의 친구가 되었다. 이렇게 열심히 공부한 황현이었지만 과거 시험은 순조롭지 않았다. 황현은 십여 년간 18번의 과거를 보았지만 벼슬을 하지 못했다. 과거 시험장에서는 감독관에게 뇌물을 주거나 다른 사람이 대신 시험을 보게 하는 등 온갖 비리가 벌어지고 있었다. 이를 본 황현은 관직에 오르는 것을 포기했다.

1886년 황현은 고향 광양을 떠나 구례 만수동 계곡에 정착했다. 이곳에서 황현은 본격적으로 학문을 연구하고 책을 썼다. 그는 집을 한 채 짓고 '구차하지만 편안하다'는 뜻의 '구안실苟安室'이라 이름 붙였다. 구안실은 서당과 서재를 갖춘 '교육과 연구의 공간'이었다. 황현은 16년 동안 만수동에 살면서 《매천야록》과 《오하기문》을 썼고, 수많은 시와 산문을 지었다. 산골 마을 만수동은 황현의 학문이 탄생하고 꽃피운 곳이었다.

생생하고 진실한 역사를 기록하다

황현은 급격하게 변화하는 시대 현실을 놓치지 않기 위해 서울에 사는 문인들과 시문과 편지를 주고받았다. 그의 편지에는 조선 말기와 대한제국 시기의 사회 문제를 깊이 있게 다룬 글이 많다. 또 황현이 쓴 기사와 제문(죽은 사람을 애도하는 글), 묘지문 등을 보면 의병을 비롯한 당시 우국 열사들의 행적을 알 수 있다.

황현의 산문 가운데 최고로 꼽히는 작품은 《매천야록》이다. 이 글은 당시의 사회 상황을 하나의 주제로 엮은 장편 산문이다. '야록'은 개인이 기록한 역사라는 뜻으로 '야사'와 같은 말이다. 국가에서 기록한 역사인 '정사'와 대비되는 개념이다. 즉 《매천야록》은 개인이 쓴 '조선의 망국사'라고 할 수 있다.

《매천야록》은 흥선대원군 집권(1864년)부터 경술국치(1910년)까지 약 47년을 기록했다. 황현은 자유로운 수필체로 당시의 역사를 보고 들은 대로 기록하였다. 이 책에는 집권층의 탐욕과 부패, 개화파와 보수파의 갈등과 외세 의존 등으로 급속히 무너져 가는 조선의 모습, 을사늑약, 일진회의 매국, 강제 합병 등 일제의 침략 정황이 상세하게 담겨 있다.

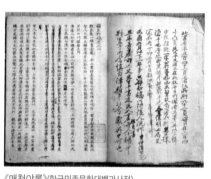

《매천야록》(한국민족문화대백과사전)

황현은 시골에 살았지만 신문, 관보◆, 서적 등을 구해 읽고, 지인들과

◆　정부가 보통 사람들에게 널리 알릴 소식을 실은 글.

편지를 주고받으며 수집한 정보를 바탕으로 책을 썼다. 그는 자신이 직접 겪었거나 가까운 사람에게 전해들은 일도 책에 썼는데 대표적으로 전라도 일대에서 일어난 의병 투쟁, 특히 의병장 고광순에 대한 기록이 있다.

> 전라남도와 전라북도에서 의병이 일어났다. ... 고광순은 동복(전남 화순)에서 의병을 일으켜 일시에 바람처럼 움직였다. 그렇지만 경비와 복장이 볼 것 없고 기율도 없어 감히 일본군의 혈전을 벌이지 못하고 오직 형세만 일으켜서 뒤흔드는 데 그쳤다. ... 고광순은 지리산에 들어갔다가 패하여 죽었다.
>
> ― 황현,《매천야록》중에서

　황현과 의병장 고광순은 아는 사이였다. 고광순은 황현에게 격문(의병을 모으는 글)을 부탁하기도 했다. 황현은 처음에 그 요청을 거절했으나, 마음이 편치 않아 격문을 써놓고 고광순을 기다렸다. 그러나 얼마 뒤 고광순의 죽음 소식이 전해졌다. 황현은《매천야록》에 고광순의 의병 활동에 관하여 짧게 언급했고 '고광순 약사(고광순에 대한 짧은 기사)'라는 이름의 산문으로 고광순의 의

구례 연곡사에 있는 고광순 순절비

《오하기문》(한국민족문화대백과사전)

병 투쟁 전말과 죽음을 기록했다. 또 고광순의 유해가 묻힌 지리산 연곡사를 찾아 추모시를 쓰기도 했다. 잊힐 뻔했던 의병장이 그의 붓끝에서 살아났다.

《오하기문梧下記聞》이라는 책에서는 동학 농민 전쟁과 의병을 주로 다뤘다. '오동나무 아래에서 들은 바를 기록했다'는 의미의 제목처럼 당시 역사를 보고 들은 대로 쓴 것이 특징이다. 황현은 동학 농민군을 도적떼라고 비판하면서도 그들의 요구사항은 낱낱이 기록했다. 이는 부정부패를 일삼는 지배층을 비판하고 싶은 마음과 유학자로서의 시각이 부딪힌 결과로 볼 수 있다.

《매천야록》과 《오하기문》은 개인이 남긴 기록이지만 조선의 근대사, 특히 일제가 조선을 삼켜가는 과정을 자세히 담아내어 역사서로서의 가치가 크다. 황현이 쓴 두 권의 역사서는 식민지 시대에 편찬되어 내용이 부실한 《고종실록》과 《순종실록》보다 더 진실한 역사를 담았다는 평가를 받는다.

나라가 망하는 과정을 기록한 《매천집》

황현은 김택영, 이건창과 함께 조선 말기의 3대 시인으로 불린다.

그중 김택영은 중국에서 황현의 글을 모아 《매천집》을 발간했다. 김택영은 "매천 황현의 시는 산문보다 몇 배나 뛰어나다."라고 말했다. 《매천집》은 시 3권, 산문 1권으로 시가 더 많다. 《매천집》에는 1877년부터 1910년 황현이 자결하기 직전에 쓴 절명시까지 838수가 연도순으로 실렸다.

황현은 산촌 마을 구례에서 농사도 지으며 농촌의 현실을 몸으로 느끼며 살았다. 그래서 황현의 시 〈늦은 봄날 시골집에서〉에는 농촌 생활과 농민의 일상이 그대로 드러나 있다. 꽃은 지고, 파초가 파릇파릇 새싹을 내미는 늦봄의 시골 풍경을 생생하게 묘사했다. 황현의 시는 농촌의 정경이나 서정을 묘사하는 데 그치지 않고 현실의 모습도 함께 담아냈다. 시 〈늦은 봄날 시골집에서〉 네 번째 수가 그런 경우이다.

나비들 한 마리씩 동쪽과 서쪽에서 날아오더니
어느새 나비 무리 떼를 이뤄 다투네.
세간의 전쟁이 어찌 이와 다르랴.
지팡이 짚고 서서 끝까지 지켜보네.
— 황현, 〈늦은 봄날 시골집에서〉 제4수

봄날 뜰에서 나비들이 다투는 모습을 본 황현은 조선을 둘러싼 혼란을 떠올렸다. 일상의 풍경에서 시대 현실을 예리하게 포착하는 황현의 시각은 민족 문제로 뻗어나갔다. 황현은 임진왜란의 영웅, 한말 의병 등 나라를 위해 목숨을 바친 의사, 지사들을 소재로 시를 썼다. 이순신 장군이 거북선을 이끌고 왜적을 물리친 무용담을 노래한 〈이 충무공 귀선가〉는 그 중 하나다.

> 충무공 가신지 이백 년 지난 오늘 지구가 터지고 찢겨
> 화륜선 동쪽으로 돌아오자 불꽃이 해를 가리도다.
> 우리 강산 평화로운 마을에 호랑이떼 덤벼들어
> 포성이 하늘을 뒤흔들고 살육이 시작되었네.
> 지하에 계신 충무공 다시 모셔 올 수 있다면
> 응당 그의 가슴 속에 나라 구할 계책 있을 테니
> 거북선 만드신 슬기로 적과 맞서 싸우시면
> 왜놈들 살려 달라 빌고 양놈들은 사라지련만
> ─ 황현, 〈이충무공 귀선가〉 중에서

황현은 이순신 장군의 혼을 불러내어 일본 침략을 막을 수 있기를 소망했다. 결국 을사늑약으로 외교권이 일본에 넘어가자 그때 느낀 분노를 시로 담아냈다. 〈을사늑약의 변고를 듣고〉라는 시가 대표적이다.

> 한강이 한숨짓고 북악산이 시름하거늘
> 대갓집 자제들 예전처럼 노는구나.

역대의 간신전을 한번 읽어 보게나.

나라나 팔아먹지 나라 위해 죽었던가.

— 황현, 〈을사늑약의 변고를 듣고〉 중에서

황현은 나라를 위해 목숨을 바친 애국지사들의 의로운 죽음을 대수롭게 넘기지 않았다. 그는 〈다섯 분을 추도하며〉에서 민영환, 홍만식, 조병세, 최익현, 이건창 등의 애국지사의 이름을 하나하나 호명하며 기렸다. 《매천집》에는 죽음을 애도하는 추도시가 모두 53편이나 된다. 이때부터 황현은 죽음에 관해 깊이 생각하기 시작했다.

선비의 의로운 죽음, 〈절명시〉

1910년 음력 7월 25일(양력 8월 29일), 일본은 한국을 강제로 합병했다. 황현은 이 소식을 접한 음력 8월 3일로부터 이틀 뒤 다음과 같은 유서를 썼다.

나라가 망하는 날에 한 사람도 국난에 죽는 자가 없다면 어찌 통탄스러운 일이 아니겠는가.

— 황현이 자결을 앞두고 쓴 유서 중에서

황현은 이어서 〈절명시〉 4수를 쓰고는 독약을 마시고 자결했다.

새와 짐승도 슬피 울고 산하도 찡그리니
무궁화 이 세상은 이제 망하고 말았네.
등불 아래 책을 덮고 지난 역사 헤아리니
세상에 글 아는 사람 되기 어렵다네.

내 여지껏 나라를 위해 조그만 공도 없었으니
충을 하려는 게 아니요 도리를 따르는 일이라네.
지금 내 모습은 앞서간 분들을 겨우 뒤쫓을 뿐
적극 행동에 나서지 못한 게 못내 부끄럽구나.

— 황현, 〈절명시〉 제3수~제4수

〈절명시〉는 지식인의 사회적 책임을 말한 시이다. 황현이 선비로서
책임을 다하는 길은 국가와 운명을 같이하는 것이었다. 그는 앞서 나
라를 위해 희생한 이들의 죽음을 애도하는 시를 지을 때마다 그들의
죽음을 자신의 일처럼 여겼다. 어쩌면 황현의 죽음은 그때부터 예정
된 것일지도 모른다. 황현은 을사늑약이야말로 '꼭 죽어야 할 상황'이
라고 판단했다. 그의 자결은 한때의 분노나 나라에 바치는 충성이 아
니었다. 그의 말처럼, 벼슬도 하지 않은 시골 선비가 나라가 망했다고
해서 죽어야 할 의리는 없었다. 그는 다만 '글 아는 사람'의 책임을 다

하기 위해 목숨을 끊었다.

시대에 충실했던 문인이자 지식인

황현은 조선이 근대로 나아가는 과정에 등장한 가장 독특한 문인이다. 그는 시와 산문에 뛰어난 작가였다. 또 당시 조선과 동아시아의 현실을《매천야록》에 담아낸 역사가이면서 일제에 죽음으로 항의한 애국지사였다.

황현은 서울에서 800리 이상 떨어진 전라도 광양에서 태어났고, 구례에서 일생을 보냈다. 그러면서도 서울 사람 못지않게 나라 안팎의 사정에 밝았다. 산촌에 살면서도 지식과 정보에서는 당대 누구에게 뒤지지 않았다. 조선 말 격동의 시기를 살다간 황현은 평생 동안 자신이 살고 있는 시대를 치열하게 기록했다. 황현의 시와 문장은 내로라하는 문인들이 인정할 정도로 뛰어났다. 황현은 지식인의 책임을 알고 시대적 현실을 담은 작품을 쓰고자 생을 바쳤던 작가였다.

황현이 순국한 매천사 대월헌

황현의 자연 관찰법

황현은 치열하게 살았고 극적인 죽음을 맞이했지만 늘 긴장한 상태로 살았던 것만은 아니었다. 그는 작은 규모였지만 농사를 지었고, 정원에 꽃과 나무를 기르며 자연을 즐겼다. 뜰에 있는 15종의 풀과 나무를 노래한 연작시 〈원식십오영〉은 삶의 여유를 잃지 않은 그의 일상을 보여준다. 이 가운데 '배롱나무 편'을 읽어 보자.

한여름 꽃들은 모두 지고
더위는 불 우산을 펼쳐놓은 듯하네.
이런 때에도 피는 꽃이 있다면
아주 특별한 감상의 대상이 아닐 수 없다.
게다가 이 꽃은 날마다 붉게 타올라
석달 반 동안이나 이어진다.
핀 꽃 아직 지기도 전에

수많은 꽃봉오리 계속 피어나니

아침마다 고운 자태 드러내어

이슬 머금은 채 햇살 받으니 찬란하도다.

　ー 황현, 〈원식십오영〉 '배롱나무 편' 중에서

　황현은 '백일홍 나무'라고 불리는 배롱나무가 불볕더위 속에서 100일 동안 꽃을 피운다는 점에 큰 매력을 느꼈던 것 같다. 그는 시뿐 아니라 배롱나무에 관한 산문도 썼다.

　배롱나무는 여름의 장마와 폭염 속에서 꽃을 피운다. 이는 일반적인 개화 시기가 아니라는 점에서 매화와 국화가 추운 겨울에 꽃을 피우는 이치와 같다. 그런데 사람들은 추위 속에서 꽃을 피우는 매화와 국화만 품격이 있다고 칭찬하고 한여름에 꽃을 피우는 백일홍은 높이 평가하지 않는다. 나는 배롱나무가 매화나 국화처럼 추운 날에 피지 않는 게 안타깝다. 차가운 겨울에 피었다면 매화 이상으로 더 귀한 대접을 받았을 것이다. 하루에 하나씩 꽃봉오리를 터뜨리며 여름부터 가을까지 피우는 것은 배롱나무뿐이다.

　ー 황현, 〈백일홍기〉 중에서

　배롱나무가 여름 내내 붉은 것은 하나의 꽃이 100일 동안 피어서가 아니고 하루에 하나씩 계속해서 꽃봉오리를 터뜨리기 때문이다.

황현이 살았던 구안실 앞에 드리운 배롱나무

또 장마와 폭염 속에서 꽃을 피우는 배롱나무는 추운 겨울에 꽃을 피우는 매화 못지않게 고귀한 존재이다. 황현은 이러한 배롱나무가 매화나 국화만큼 대접 받지 못하는 것을 안타깝게 여겼다.

황현은 사물을 깊이 있게 관찰해 각각의 특성을 살폈다 이러한 시각은 사회 현상에도 적용되었다. 황현의 자연을 관찰하듯 사회 현상을 바라보고 글을 썼다.

맺음말

　이 책은 문학 유산을 남긴 인물들을 통해 우리의 고전 문학사를 살펴보기 위해 쓰였습니다.

　고전 문학사를 배울 때면 주로 문학 작품을 시대순으로 살펴봅니다. 하지만 이 책에서는 작품 대신 '인물'을 중심으로 고전 문학사를 살펴봅니다. 문학 작품을 창작한 작가를 알아야 그들의 문학을 제대로 이해할 수 있다고 판단했기 때문입니다. 물론 작가에 대한 이야기만 다루지 않고 역사적 사건과 문학적 개념, 작가의 대표 작품 등을 넣어 우리 문학에 대한 이해과 감상을 도왔습니다. 책에서 다루고 있는 인물이 모두 고전 문학 작가들이기 때문에 거의 한문으로 작품을 남겼습니다(한글로 창작을 한 허균, 정철, 김만중도 있지만요). 이들의 작품을 소개할 때는 최대한 우리말로 풀어 썼지만, 정확한 의미를 전달하기 위해 때때로 한자와 함께 설명하기도 했습니다.

　책에서 다룬 작가는 최치원부터 황현에 이르기까지 모두 11명입니다. 이 11명의 작가 외에도 우리 고전 문학사에 영향을 미친 훌륭한 작가가 많습니다. 그래서 이규보 편에서 같은 시대의 시인 정지상을 다루고, 김시습을 다루면서 서거정을 소개하는 방식으로 보완하려고 했습니다. 그럼에도 국문 시가에서 정철과 쌍벽을 이루는 윤선도, 박지원과 함께 실학파 문인을 대표하는 정약용을 다루지 못한 것은 아쉬움으로 남습니다.

한국 민족의 역사는 무려 오천 년에 달합니다. 이토록 기나긴 역사 속에서 우리 민족은 다양하고 풍부한 문학 작품을 남겼습니다. 이 책이 청소년들에게 우리 고전 문학의 안내자 역할을 했으면 하고 바라봅니다.

— 조운찬

인물별 교과서 수록작품

인물	교과서 수록 작품
최치원	〈격황소서〉, 〈제가야산독서당〉, 〈촉규화〉, 〈추야우중〉
이규보	〈경설〉, 〈괴토실설〉, 〈국선생전〉, 〈동명왕편〉, 〈슬견설〉, 〈이옥설〉
일연	〈단군 신화〉, 〈박혁거세 신화〉, 〈주몽 신화〉,
김시습	〈남염부주지〉, 〈만복사저포기〉, 〈용궁부연록〉, 〈이생규장전〉
이이	〈고산구곡가〉, 《격몽요결》
정철	〈관동별곡〉, 〈사미인곡〉, 〈성산별곡〉, 〈속미인곡〉, 〈장진주사〉, 〈훈민가〉
허균	〈통곡헌기〉, 《홍길동전》
김만중	《구운몽》, 《사씨남정기》, 《서포만필》
박지원	〈광문자전〉, 〈민옹전〉, 〈소단적치인〉, 〈예덕선생전〉, 〈통곡할 만한 자리〉, 〈허생전〉, 〈호질〉
신재효	〈심청가〉, 〈춘향가〉
황현	《매천야록》, 《오하기문》, 〈절명시〉

이미지 출처 및 참고문헌

◆ 〈고전 문학이 걸어온 길〉 이미지 출처

· 고조선을 건국한 단군, 한국민족문화대백과사전.

· 정지상 서정시 〈송인〉, 한국민족문화대백과사전.

· 한문학을 집대성한 서거정의 《동문선》, 한국민족문화대백과사전.

· 이황의 자연산수시 〈도산십이곡〉, 한국민족문화대백과사전.

◆ 참고 문헌

· 한국고전번역원, 세종대왕기념사업회 국역본(《계원필경집》, 《고운집》, 《동국이상국집》, 《매월당집》, 《율곡집》, 《성소부부고》, 《연암집》, 《매천집》).

· 국윤주, 《독수정 명옥헌》(광주문화재단 누정총서 1), 심미안, 2019.

· 김명호, 《열하일기 연구》, 창작과비평사, 1990.

· 김명호 외, 《한국의 고전을 읽는다》(1~5), 휴머니스트, 2006.

· 김시습, 《금오신화》, 심경호 옮김, 홍익출판사, 2000.

· 김시습, 《길 위의 노래》, 정길수 편역, 돌베개, 2006.

· 민족문학사연구소 고전문학분과, 《한국고전문학작가론》, 소명출판, 2012.

· 민족문학사연구소, 《새 민족문학사 강좌》, 창비, 2013.

· 박수밀, 《열하일기 첫걸음》, 돌베개, 2020.

· 박영주, 《정철평전》, 중앙M&B, 1999.

· 박지원, 《지금 조선의 시를 쓰라》, 김명호 편역, 돌베개, 2007.

· 신경림 외, 《송강문학연구》, 국학자료원, 1993.

- 신재효, 《한국판소리전집》, 강한영 옮김, 서문당, 2007.
- 이규보, 《동명왕의 노래》, 김상훈·류희정 옮김, 보리, 2005.
- 이규보 외, 《한국산문선》 1, 3, 4, 이종묵 외 옮김, 민음사, 2017.
- 이상원, 《송강정》(광주문화재단 누정총서 6), 심미안, 2019.
- 일연, 《사진과 함께 읽는 삼국유사》, 리상호 옮김, 강운구 사진, 까치, 1999.
- 임형택, 《한국문학사의 시각》, 창작과비평사, 1994.
- 임형택, 《한국문학사의 논리와 체계》, 창작과비평사, 2002.
- 임형택·고미숙, 《한국고전시가선》, 창작과비평사, 1997.
- 정병헌·이지영, 《고전문학의 향기를 찾아서》, 돌베개, 2001.
- 정출헌 외, 《고전문학사의 라이벌》, 한겨레출판, 2006.
- 조운찬, 《문집탐독》, 역사공간, 2018.
- 최영일, 《문화유산 속의 큰 인물들》, 눈빛, 2004.
- 최한선, 《면앙정》(광주문화재단 누정총서 3), 심미안, 2019.
- 황현, 《역주 매천야록》(임형택 외 옮김), 문학과지성사, 2005.
- 허문섭 외, 《조선고전작가 작품연구》, 연변인민출판사, 1985, 영인본

신라부터 조선까지
우리 문학을 이끈 11명의 작가들
청소년을 위한 인물로 본 우리 문학의 역사

초판 1쇄 발행 2024년 2월 14일
초판 2쇄 발행 2024년 11월 4일

지은이	조운찬
펴낸이	박유상
펴낸곳	빈빈책방(주)
편집	배혜진 · 정민주
디자인	기민주
일러스트	김영혜

등록	제2021-000186호
주소	경기도 고양시 덕양구 중앙로 439 서정프라자 401호
전화	031-8073-9773
팩스	031-8073-9774
이메일	binbinbooks@daum.net
페이스북	/binbinbooks
네이버 블로그	/binbinbooks
인스타그램	@binbinbooks

ISBN 979-11-90105-72-9(43990)